チャレンジド人生

認知症の妻に綴る、
60数年ぶりのラブレター

佐武博司
SATAKE HIROSHI

幻冬舎MC

はじめに

一九三四年生まれ、二〇二二年に88歳になった私の人生は、少年時代の「海外雄飛の夢」、何事にも逃げずに向き合う「挑戦心」、それに「生涯現役への思い」が原動力になってきたように思います。

私の人生・四ステージの歩み

序章レジュメにもあります通り、第一の人生は61歳で退職した会社生活時代、第二の人生は会社定年後62歳で起業した人材紹介会社自営時代、第三の人生は77歳時思わぬ転倒による重度頸髄損傷以来の10年にわたるリハビリへの挑戦、と歩んでまいりました。そして今直面している、リハビリを続けながらの第四の人生。決して平穏無事とは言えない、ドラマティックとも言われる面もある波乱の人生ですが、私なりには困難に向き合う挑戦は、前向きの力、可能性を引き出す〝元気〟のもとであったと言えるかと存じます。前著『チャレンジド魂』でも引用いたしましたが、〝WHERE THERE IS A WILL, THERE IS A WAY〟（意志あるところに道あり）です。

二〇二二年、私の第四の人生、妻にとっての第二の人生をスタートして

二〇二〇年暮れに今のマンションに引っ越してきて1年もたたない頃、認知症の進行が止まらない妻と身体が不自由な私の二人の生活をこれ以上続けることはムリ、共倒れになるとサポートいただく関係者の皆様からアドバイスを受けました。二人が離れ離れになる選択はまことに辛い、苦渋の決断でした。本書で詳細ご紹介しておりますが、今、妻は二〇二二年二月より入居した施設・グループホームの皆様の手あついお世話のおかげで、安心安全、アットホームな雰囲気の中で、不安なく表情も穏やかに過ごせております。私の住まいは妻の居住地からさして遠くないところにありますが、初めてのマンション生活での人様との交

流も含め、新しい環境の中で始めることも多く、それを楽しみながら過ごさせていただいております。

『60数年ぶりのラブレター』を心の支えに

妻には時々に手紙を書き、面会時に届けております。恥ずかしながら、『60数年ぶりのラブレター』と銘うった手紙を施設のスタッフの方から妻に読んで聞かせていただくと、妻はしっかりと眼を開け、うなずきながら聴いている由。また、これまでお世話になってきた関係者の方々にも近況報告がてら読んでいただくと、〝妻に安心感を与え、元気と生きる力になる〟との感想も。私自身の一人生活にもくつろぎとうるおい、癒しになっています。

この『ラブレター』は、私たち二人の人生の来し方、老いにめげずに今を生きる姿、未来への歩みを象徴するものとして、本にして参考にしていただいてはとの関係者の方々からのおすすめをいただきました。妻の「認知症」は私にとってなかなか受容しがたく、この本の表題に認知症なる言葉を使うことにもためらいがありましたが、現実を受け止め、妻とともに希望をもって進むべく、本作を皆様にお届けする次第でございます。

佐武博司

もくじ

【巻末付録】

前著『チャレンジド魂／重度頸髄損傷・両手足まひからの奇跡の生還』より

「チャレンジド」とは、身体の不自由に向き合い、めげずにチャレンジする人。

第一部　チャレンジド人生

第一章

新居・マスターズマンションに移って

マンションでの講演　二〇二一年四月十六日

講演レジュメ

『私のリハビリ体験・リハビリ人生を突き動かしてきたもの』

～再起に向けて苦闘中に出会った相棒・ロボット歩行器のこと、本を出した経緯など～『チャレンジド魂』重度頚髄損傷からの奇跡の生還談　佐武博司

第一の人生　会社現役時代

1957 年 4 月　ニチメン入社～ 1996 年 6 月ニチメンインフィニティ退社（61 歳）

第二の人生　起業自営時代

1997 年 3 月　人材紹介会社▶㈱サブスリー・コンサルティング設立（62 歳）

2012 年 2 月　自宅で転倒、頚髄損傷事故により休業（77 歳）

第三の人生　リハビリ生活

2012 年 2 月～現在に至る　両手足まひから脱却し社会復帰に向けてリハビリに取り組む

1）転倒事故発生からリハビリ生活・第三の人生へ――リハビリは仕事・根気と鼓舞

- リハビリ第 1 ステージ　2012 年 2 月救急入院～ 2015 年 7 月　両手足の基礎筋力づくり
- リハビリ第 2 ステージ　2015 年 7 月ロボット歩行器との出会い。コンセプトは“動く手すり”――車いすから脱却し屋外歩行も可能となり、日常の行動範囲が広がる
- リハビリ第 3 ステージ　2018 年 6 月から更に高みの両杖のポールウオーキング習練、20 年 3 月より自立歩行に近い姿勢での免荷装置付きのトレッドミルＰウオーク歩行練習も

2）リハビリの成果　2017 年 6 月以降―介護保険要介護 5 から要介護 1 に

- リハビリ取り組み：各マシンの特色・狙い、対象部位を意識し正しい姿勢を心がける

3）リハビリ人生を突き動かしてきたもの――「生涯現役」へのこだわりと大先輩の言葉

・2007年9月『いつまでも現役人生を走り続けるために』上梓（幻冬舎ルネッサンス）

・2011年10月　母校大阪市大産学連携講座で「私のキャリア形成と生涯現役への思い」の題で90分講義。私なりの「夢・志・挑戦」のこと、「生涯現役」論など。

・2012年2月からリハビリ生活――再起を期して“リハビリが仕事”と割り切り、「生涯現役」への思いを貫く。注:『チャレンジド魂』には前著の主要3章を付録として転載紹介

・古巣の大先輩より“障病にもメリットがあるよ”との励まし頂く。「あきらめない」「困難に打ち克つ」を心の支えに。

4）2019年6月『チャレンジド魂』上梓（幻冬舎ルネッサンス新書版・255ページ　主要書店に配本）――『チャレンジド』とは身体の不自由に向き合い、めげずにチャレンジする人。

・本への反響:“大きな励ましと希望・刺激を与えてくれた”“苦難のリハビリ体験を明るいトーンで描く”“支えてくれている全てのことに感謝する姿勢に感銘”等々。

5）不器用人間の愚直人生　試練のリハビリも愚直に挑戦し続けて今・ここに。
大先輩から学んだ「あきらめない心」、あきらめなければその先には―“第四の人生”も⁉リハビリでどこまで進化できるか。

〈**中楽坊での新しい人生**〉3食をマンションのレストランで摂れる一方で、「主夫」役にも挑戦。仲間の皆様との交流（私にとっての社会参加の一面あり）を楽しみにいたしたく存じます。

講演に至った経緯と私自身のこと

二〇二〇年十二月十九日同じ宝塚市内御殿山からこちらに引っ越してまいりまして、まだ日も浅いのですが、このような機会をいただき、まことにありがとうございます。入居以来、皆様にご迷惑をおかけすることが多い中で、あちこちで、皆様から〝ここはみんな仲がいいんです。なんでも相談してください〟などとお声をかけていただき、心から感謝の念でいっぱいでございます。

自己紹介代わりに拙著『チャレンジド魂』を管理室にお届けしたところ、職員の皆様で読んでいただき、お住まいの皆様にもご参考にと、図書室のほうに回され、皆様が回し読みしてくださいました。それが本だけでなく、私の生の話も参考に聞いてみようと三月五日の生活部会の場でお話しする機会を作っていただきました。今回は、まだ本に接しておられないかもしれない方々も含めまして、さらに多くの皆様にご案内するべく、今日のこの場を設けていただきました。

私のような新参者を仲間として受け入れ、このような機会を設けてくださるとは、誠に光栄でありがたいことでございます。

私は、昭和九年九月生まれで、数えで今年88歳、米寿の年、に当たります。私は年齢はあまり意識しないたち・性分で、今年いただいた年賀状の中で、二人の友人から〝米寿おめでとう〟と言われ、〝ええ？　まだ先のことでは？〟と思っていました。追っかけ、古巣の社友会から、お祝い状と結構な贈物がとどき、改めて、米寿のことを認識したような次第です。

それくらいに、加齢のことはあまり気にせずに、77歳の時に起きた、重度頸髄損傷事故も普通なら、再起不能で寝たきりになってしまうとされているようでありますが、もともと「生涯現役」をモットーとしてきたこともあってか、再起を目指し（なにくそ精神で）リハビリに取り組んでまいりました。

長年にわたる私のリハビリ体験に関しましては、二〇一九年六月に上梓しました『チャレンジド魂』をご参照いただければと存じますが、この場をお借りしまして、私が体験してきましたリハビリとその思い・願いなどをお話しさせていただき、ご参考になればと願っております。

会社生活時代・第一の人生、人材紹介会社起業、自営時代・第二の人生に続く事故発生~リハビリ生活・第三の人生へ

忘れもしない二〇一二年二月、77歳の時、自宅での思わぬ転倒事故で重度頸髄損傷、即両手足まひし、車いす生活を余儀なくされまして、それまでの第一の人生（会社生活時代）・第二の人生（定年後62歳で人材紹介会社起業）から一転、第三の人生・車いす頼みのリハビリ生活に突入することになりました。

人生の試練に直面しながらも、私は、〝リハビリは根気〟〝リハビリが仕事〟、と割り切り、自分を鼓舞。私がかつて38歳から健康づくりのため、毎朝のジョギングを始めその積み重ねでフルマラソンも走れるようになった体験からも、再起・社会復帰を目指し、毎日継続してリハビリに取り組んでまいりました。

リハビリ第一ステージ・第二ステージを経て第三ステージへ

第一ステージの（二〇一二年二月）入院から二〇一五年七月までの基礎筋力づくりの3年半を経て、第二ステージに入り、開発されて間もないロボット歩行器一号器RT．1、その翌年には当初のRT．1をコンパクトにした、二号器RT．2に出合いました。第一ステージの3年半のリハビリで、少しずつ手先も動くようになり、この歩行器の両手ハンドルを握る握力がついてきたこと、それに両手を手すりに頼りながらも1歩2歩と前に進む脚力、体を支える腹筋、体幹の力が少しずつ備わってきたこと、それらが相まってラッキーにもタイミングよくこの歩行器を使うことができるようになりました。

一号器よりコンパクトでコストダウンにもなり、介護保険の対象として認可された、このRT．2は外出に使いやすいので、屋外用とし、当初のRT．1は自宅・屋内用といたしました。

この歩行器のコンセプトは〝動く手すり〟。両手ハンドルが手すりとなり、自力で歩いているのと同じ感覚で歩くことができます。
〝車いす頼みの生活から脱却して早く歩けるようになりたい〟との切なる願いをかなえてくれるよき相棒であり、命綱であります。

二〇一五年七月から二〇一八年六月までの第二ステージの3年の間に、この歩行器を相棒に日常の行動範囲が広がり、まずは、「住んでいる宝塚から大阪梅田まで電車で行けるようになりたい」としていた念願の社会復帰への希望がもてるようになりました。
今では、単に障がいのケアとしてのリハビリの道具ということにとどまらず、日常生活を取り戻す〝足〟として、まだヨチヨチ歩きながらも家内と二人で（前の住まいの）自宅から宝塚駅界隈までの急な下り坂も克服しながら、週4～5回ぐらいはショッピング・ランチなどに出かけるまでになり、少しずつ日常を取り戻してまいりました。

また二〇一八年の後半からはリハビリ第三ステージとして、さらに高みの目標として、両杖のポールウオーキングの練習をいたしております。しかしながら、頸髄損傷で失われた神経を代償するだけの歩行機能・神経・筋肉、腹筋・体幹がまだ備わっておらず、すでに3年近く修練してきましたが、まだセラピストなどのアシストが必要な実験段階にあります。

また、昨年二〇二〇年三月からは、本来の歩行に近い、背筋を伸ばした姿勢での歩行を練習する（脳と身体に覚えさせるため）ポラリス社のPウオークという歩行装置を使って歩行練習をしております。これは、トレッドミルという歩行訓練マシンに天井から紐を吊り下げ胴体を支えるハーネスという安全免荷装置付きで、この自立歩行に近い姿勢での歩行訓練によって、相棒・ロボット歩行器で歩く時も、歩く姿勢が良くなってきたと言っていただいております。

リハビリの成果：二〇一七年六月からは、介護保険要介護5が要介護1に

リハビリの取り組みに当たっては、運動効果を上げるべく、それぞれのマシーンの特色・狙い、鍛えるべき部位を意識しながら、呼吸をゆっくりと行い、正しい姿勢を保つように心がけてきました。NHKのテレビ体操で、講師がいつも、〝運動は意識して、正しい姿勢で〟

と言ってるのも同じ趣旨のことかと存じます。

意識的努力を積み重ねる、とはいえ、集中力の持続は難しいので、何度も自分に言い聞かせながら取り組んでいる次第です。

リハビリ人生を突き動かしてきたもの‥『生涯現役』へのこだわりと古巣の大先輩の言葉

二〇〇七年に『いつまでも現役人生を走り続けるために』を上梓した際に、マラソン仲間だった方から、〝本に描かれている、海外雄飛を目指して商社に入り、二度の海外駐在を体験、健康づくりとマラソンへの挑戦、62歳での人材紹介会社起業など佐武さんの底流にあるものはチャレンジ精神だ〟と喝破されました。

今振り返れば、前の本に記した各種体験、マラソンで培われた忍耐力・持久力、友人が指摘の『チャレンジ精神』がリハビリにも生かされ「リハビリが仕事」と割り切り、生涯現役への私なりの思いを貫くことにつながっているかと存じます。

ついでながら、私の言う『生涯現役』とは、狭い意味での単に実業の仕事を持つということに限定せず、広い意味で社会との接点を持ち続けること、趣味・スポーツとかボランティア活動・地域活動なども含んでおります。ウェブサイトでの交流なども社会とのつながりを持つ、という意味で今の私にとっては大事な接点となっております。

私がこうなって、古巣の大先輩から、〝傷病にもメリットがあるよ〟といって励ましていただきました。傷病をポジティブに捉え、困難に遭っても、それから逃げずに向き合う、めげず・あきらめず、前を向いて立ち向かい打ち克つという意味で、大先輩からは「あきらめない心」を教えていただいたのだと受け止めました。

再起・社会復帰に向け、相棒となっているロボット歩行器に頼らない〝自立歩行〟は、リハビリで果たして実現可能なのか。目標と希望を持って、あきらめずに根気の要るリハビリを息長く続けていく覚悟でございます。

二〇二〇年七月からは新しい挑戦として、ガラケーからスマホに切り替え、ラインの世界も覗いており、試行錯誤しながらも楽しみが一つ増えました。また、異業種キャリアの仲間のウェブサイトにも同年七月からメンバーに入れていただきました。これからも一つ一つ新しいこと、私なりの可能性を追求していきたいと願っております。

二〇一九年六月『チャレンジド魂』上梓に関し

『チャレンジド』とは耳慣れない言葉かと存じますが、アメリカでは、身体の不自由な人を〝ハンディキャップド〟とネガティブには言わず、健常者のチャレンジとは区別して、〝チャレンジド〟とは前を向いて挑戦する人、とポジティブに表現しているようです。

身体の不自由な私にとっても、リハビリの運動の一つ一つ、日常生活の動作一つ一つがチャレンジでした。『チャレンジド魂』の題名はこれに共感して選んだ次第です。なお、前の本に書きました「サラリーマン人生」「退職後の起業」「マラソン体験」などの主要部分を巻末付録として転載しております。

愚直人生～『第四の人生』について

これまでの人生で、私の流儀として、何事もポジティブに受け止め、前向きにチャレンジする。多少しんどくてもそのほうが楽しいし、そのようなことを手記にして、近況報告の形で友人・仲間たちに発信するといろいろな反響をいただきます。〝それがまた刺激となり、元気になる〟というような人生スタイルでやってきました。また、〝思い立ったら始める、始めたら続ける〟ということも流儀としてきました。このたびの事故について友人から、これまで走り続けてきたので、しばし休め、という天の思し召しでは、という慰めをいただいたのですが、試練のリハビリも私のこれまでの流儀で愚直に挑戦をし続けてまいり、今、ここに至っております。この先はｉＰＳなどの再生医療の実用化への期待もありますが、リハビリでどこまで進化できるか、のチャレンジを続けてまいります。

古巣の友人から、私の今の第三の人生のありようを見て、〝第三の人生を全うし、新しく曼荼羅模様の第四の人生を健全な形で過ごしておられる〟とのメールをいただきました。

見方によっては、ロボット歩行器を相棒として外出もでき、社会との接点も持っている、おかげさまで、多くの良きリハビリ関係者に支えられ、友人・仲間との絆も深い、家庭的にも、家族に守られ、ひ孫にも出会えている、等々。このこと自体、すでにリハビリ人生を超えた『第四の人生』にある、とおっしゃっているのかもしれません。そうであれば、誠にありがたいことと受け止めたいところです。しかし内実はとてもとてもそのようなことではございません。私が第四の人生と位置付けるのは、二〇一二年二月の事故以来の第三の人生、リハビリ人生を卒業し、あくまでも自立歩行を取り戻した人生であり、まだまだこれからです。

当マンション・中楽坊で第四の人生を迎え、愚直人生を全うしたい

昨年（二〇二〇年）後半あたりから、49年間住み慣れた御殿山での生活がこのまま続けられるかどうかについて疑問を感ずるようになりました。御殿山でも私のところは駅まで4～500メートルと近いほうなのですが、途中急な坂があり、住宅専用地域で買い物するにも

外食するにも不便とあって、宝塚市内でもっと住みやすいところはないか探し求めておりました。

そうしたとき、平地で外食・買い物にも便利、マンション内のレストランで3食も可能、という中楽坊に出合ったのです。80代後半になっての引っ越しは心身の負担が大きくタブー視される向きもある中での、一大決心でした。

長期にわたるリハビリ生活を通じて、私自身リハビリ施設での交流も、おかげさまで楽しく充実して過ごして来られました。本の中でも述懐しておりますが、まさに「リハビリは人生、人生はリハビリ」、リハビリもまた楽し、を実感してきました。

リハビリ施設での話もそうですが、中楽坊に来て皆様とのご縁をいただき、まだ3か月余りながら思うことですが、このマンションの皆様がお互いに、健康で心豊かに人生を送ることを目標に、日々を楽しく充実してふれあい・交流することを心がけておられ、仲間意識が強いようにお見受けします。それによって、このマンション全体がファミリー的で、理想的なコミュニティ社会を形成しているように感じております。

私たちもその仲間に入れていただいたわけでありますが、私自身が身体の自由が利かないうえ、妻にも認知力低下という心配な面がある中で、まだまだ慣れないことばかりで、食事もほとんど3食をマンションのレストランでいただいております。しかし慣れるとともに、私自身も「主夫」の役割、食事づくりもできるようになりたいな、という思いがしております。

もともと仕事人間で家のことは妻任せでありましたので、引っ越しの際の断捨離には非常に困りました。今、家事のことを必要に迫られてやろうとしても、身体の自由が利かないうえに、勝手がわからず、こうなって、これまでいかに自分は妻頼みできたか、家事に疎いかを痛感している次第です。

これから生活上の問題もいろいろ出てくることと存じますが、一つ一つクリアしながら、マンションライフを前向きに、私なりの新しい楽しみ方を追求してまいりたいと願っております。

余談になりますが、テレビコマーシャルに出ているタレントさんが、「年を取るとは？」

と訊かれて「未来」と答えたそうです。私なりに解釈すれば、年を取って実現がむずかしいことが増えても（面倒がらずに）、それに向き合い、挑戦する。私なりにはそれは楽しいことなので、年を取っても目標と希望をもって新しいことにも挑戦したい、と受け止めている次第です。

最後になりますが、私の第二の人生・人材紹介会社起業・自営時代は、いわば〝人生二毛作〟への挑戦でした。

今の第三の人生・「リハビリ人生」はそれまでとは異質の出会いがあり、多くの方々のお世話になってきました。そのおかげで、ある意味〝人生三毛作〟への挑戦とも言えるほどに人生が豊かになった、と言っても過言ではありません。

本日のレジュメをお世話になってきたリハビリ関係者や友人・仲間に参考に電子メールでお送りしました。それを読んでメールで感想をいただいた中から、一部ご紹介させていただきます。

1. ここ何年か私のリハビリをサポート頂いたセラピストさん（OT作業療法士の方）から

頸髄損傷の疾患のリハビリテーションというのは、サポートの側から言いますと効果が出にくく、セラピスト・療法士にとっては非力を感じるほどむずかしいのです。しかし、佐武さんほど回復の幅が広く、目に見えて回復された方は少ない。よくぞここまで回復され、講演までされるとは！　多くの方々の励みになると思いますとエールを送ってくださいました。

2. ウェブサイトでの交流仲間で私よりお年が上の女性の方から

ご自分の病と真正面から向き合って、日々努力されていることに感じ入り、努力不足の自分を思い、大いに反省させられました。

多少とも、私も病を持つ身で、佐武様の言葉や文字にはされていない部分を言葉の端々に感じます。自分の経験も合わせて、例えば、片足を上げる、立ち上がる、一歩前へなど。

健康な時には無意識にしている行為を、強い意思と、痛み・苦痛をこらえての努力によりされていることを感じました、との感想を寄せていただきました。

まだ道半ばながらも、おかげさまでここまで回復できましたことをご披露し、昨年九月にもうすぐ94歳になるところで旅立たれた古巣の大先輩や、これまで支えてきていただいた、多くの関係者の方々へ、おかげさまで・ありがとうございます、の言葉を捧げまして、締めくくりにさせていただきます。

本日はコロナ禍が続く中、多数お集まりいただき、つたない話をご清聴ありがとうございました。今後ともよろしくお願い申し上げます。

（二〇二一年四月十六日　佐武博司）

2021 年 7 月
妻とともに　マンション玄関にて(妻はデイサービスに　私はロボット歩行器とリハビリに出かける前)

第二章

結婚64周年記念を迎えた妻とのこれまで

この本、特に『60数年ぶりのラブレター』にご関心を寄せていただいた方々には、そもそも連れ合いとはどんなご縁で結ばれ、どんな生活体験をしてきたの?と興味を持たれる向きもおありかと存じます。個人情報をさらけ出すようでお恥ずかしいのですが、この場でちょっと妻とのこれまでを振り返ってみたく存じます。

その前に――。

妻・文恵がお世話になってきたケアマネジャー様から頂戴したメッセージ

文恵様のエピソード

二〇一七年(平成二十九年)十一月~二〇二一年(令和三年)四月まで担当ケアマネジャーとして関わらせていただきました。

定期訪問でお伺いすると、玄関まで出て来られ、いつも笑顔で迎え入れていただき、まるで自身の祖母の家に来たような、温かい気持ちにさせてくださいました。

文恵様の笑顔は周囲を癒やし温かい気持ちにさせてくれる、そんな力をお持ちでした。

外出の予定がなくても綺麗にお化粧をされ、首元にはスカーフをあしらい、いつもお洒落にされている姿に、同じ女性として「素敵だな」「見習いたいな」と思っていました。

しかしこの頃から、すでに認知機能低下は少しずつ進行しているご様子でした。

ご自身からも「頭がふわふわしている」「私、少しおかしいのかな」とお言葉がありました。

以前は、台所にずっと立って家事にいそしんでおられたとのことですが、博司様から「料理をしなくなった」など、日常生活に対する変化も聞かれてきた頃です。しかし博司様からそんな発言があると、文恵様も負けじと「私だってイケメンと一緒になりたい」と冗談を交じえた返しをされて、3人で笑い合いましたね。

そんな中でも、博司様のことをいつも心配しておられ、ご夫婦で一緒に利用していたデイサービスでもご主人の姿を追うご様子が度々見受けられました。

一方、博司様の方も、ご自身のリハビリに励みハードなスケジュールをこなしながら、文恵様のお身体を気遣い、文恵様にとってどうすることがよいのか真剣に考えておられましたね。

お互い身体の不調を抱えながらも、相手の事を常に思いやる。

そんなお二人の姿に、長年連れ添った夫婦の強い絆を感じ、自分自身に置き換えて、同じ月日を重ねたとしても、こんな夫婦になれるだろうかと感慨深くなったこともありました。

以上、わずかなエピソードですが、3冊目の本ご出版に寄せて私の思いを記させていただきました。引き続き、お身体に無理のないよう頑張ってくださいね。

注：妻の認知力低下が進む過程で種々相談に乗っていただき、お励ましをいただきました。大変お世話になってきたケアマネジャー様からこのようなコメントを頂戴し、恐縮いたしております。

佐武博司が綴る妻とのこと

山々が太平洋に突き出している紀伊半島南部和歌山県田辺市に育った私は、少年時代から〝海外雄飛〟という言葉に魅せられ、海外に憧れをもっていました。一九五七年三月に大阪の大学を卒業してすぐ総合商社・東京支社（その後東京・大阪両本社制に）に就職、東京中野区の独身寮に入りました。入社後僅か1年半の一九五八年十一月に結婚、世田谷区のアパート生活を経て一九五九年五月、板橋区の小さな一軒家を購入して引っ越しました。

妻も同郷育ちで、妻の長兄が大学の3年先輩であったご縁から、私が大学に入った年の夏休みに大阪の下宿から帰郷、先輩を訪ねた折に、当時地元の県立高校の3年生だった妹（今の妻）と出会い、大学在学中から卒業、入社後1年半の期間を経て、24歳になったばかりで結婚したのでした。

一九六〇年に長女、一九六二年に長男が生まれ、一九六五年一月に憧れの米国ニューヨークに駐在が決まり、家族を東京に残して1年余単身赴任、家族は一九六六年四月に来て再会できました。

一九七一年三月に大阪本社に帰任したのですが、私にとっては6年2か月、家族にとって5年のニューヨーク生活は、それぞれの人生にとって、大変貴重な体験でした（このことは、私の「第一の人生」「第二の人生」のことを綴った『いつまでも現役人生を走り続けるために』の中の「わがサラリーマン人生に悔いなし」の項、および「第三の人生」を綴った『チャレンジド魂』付録の中でもご紹介しております)。

一九七一年三月に帰国してすぐ兵庫県宝塚市の社宅に入りましたが、知人から同じ宝塚市内にそこそこ広い宅地(85坪)を購入でき、一九七二年三月に自宅を構え、二〇二〇年十二月まで約49年間住みました。

その間、11歳で帰国した長女(宝塚在住)は、3人の子育てを経て現在、孫4人、9歳で帰国した長男(東京在住)は、3人の子育てを経て孫2人となり、ありがたいことに私たちは現在、目出度く6人のひいじいちゃん、ひいばあちゃんとなっております(孫6人、ひ孫6人いずれも男児なので、いずれ未婚3人の孫が結婚してお姫様にも恵まれることを願っております)。

さて、妻は64年の長きにわたり、懸命に仕事人間の私を支えてくれました。前記の通り、入社2年目での若年結婚だったことにより、当初から給料袋はそのまま妻に預け、家計は任せきり、家事も頼り切りでした。
しかし、妻からは苦しい家計事情について不満の一言も聞いたことはありませんでした。

妻はもともと京都市生まれの西宮市香爐園育ち。4歳の時、当時は特効薬ペニシリンもない時代で、父親が急性肺炎で亡くなるという不幸な出来事があり、家族は母親の実家を頼って田辺市に引っ越すことになったという。幼いころから、母親の苦労を身近に見て育った境遇のもと、4歳年上の長兄が父親代わり、3歳違いの次兄は兄ちゃんとして、いわば癒しの相手となり、一家挙げての温かい家庭環境の中で育ちました。そのおかげでしょうか、妻は一見物静かで、おとなしい雰囲気、というのが私が出会った当時の第一印象の想い出です。地元の人付き合いにおいては明るく笑顔で接し、友人、先生、勤め先（高校を出て地元の税務署に就職）のどなたにも好かれ、頼りにされていたと聞き及んでおりました。

結婚してわかったのですが、家庭内では、意外に頑固、しっかり者の面が出ていました。
ある時、私に、〝父親がいないという弱みは見せないぞ〟と言ったことがありました。どういうはずみでその言葉が出たのか、忘れましたが、語尾にアクセントをつけて〝ぞ〟とか〝よ〟とか発するのは、子供や孫たちにも多少面白がっていうことがあり、いつも明るく、面白いおばあちゃんと慕われる所以《ゆえん》でもあります。自分をこのように育ててくれた母親、兄さんたち、母親の親族への感謝の念とある種の自信は、内面ではずっと持ち続けてきたと思われます。

私はこれまでの人生で、1．家庭の充実　2．仕事の充実　3．人生の充実　ということを自分なりに意識してきました。妻の場合、兄たちが勉強の出来もよく、優等生であったが、母親が妻には〝眼がわるくなってはいけないから勉強はしなくていい〟と言い、おっとり育った面がある一方、妻には自然体でいて何かしら備わった、生きていくうえでの〝知恵〟があり、私自身が教えられるところが多かったと認識しております。

以下、妻にまつわるエピソードなど。

妻の母との対話のこと

義母は、たしか明治四十年生まれ、明治三十七年生まれの私の母と同じ和歌山県立田辺高等女学校卒業でした。

妻との結婚前、妻の母上と二人で話すことが時々ありました。だんな様を早くに亡くされた（妻が4歳の時）こともあってか、文恵の兄二人には勉強を厳しく勧めたが、妻には甘かった話もよくされていました。私が24歳の若さで結婚し、しかも文恵が親元を離れて東京住まいとなることについてずいぶん心配されたことと存じます。

見かけよりも気丈の、しっかり者です、というようなことも話されていたように思いますが、文恵と連れ添った64年間で一度だけ私に涙を見せたことがあります。

一九五八年十一月三日に郷里・田辺の闘鶏神社で結婚式を挙げ、新婚旅行と言えば、白浜～大阪～伊豆と1泊ずつしながら、私の勤務地・東京の新居へ、と向かうことでした。

若年結婚で東京住まいといっても世田谷太子堂町の今では考えられないくらいのサイズ6

畳位のアパート（出入口にキッチン・共同トイレ）でした。近くに私の母方の伯父一家が住んでおられたので、そこに決めたのですが、文恵はそれまで来たことのない東京の小さな住まいに夢破れるぐらいの不安感にとらわれたのか私に涙を見せたのです。実は64年間の結婚生活で私に涙を見せたことはこれが最初で最後でした。

文恵の母方の叔父一家が浜田山におられ、時々訪ねたりしてその後は落ち着きましたが、文恵の涙を見たとき、私は〝生涯かけて文恵を幸せにする！〟と心に誓ったものでした。

そのアパートには半年余りいただけで、その後、一九五九年五月に板橋区の小さいながらも戸建て住宅を購入して引っ越し、一九六〇年に長女、一九六二年に長男が生まれ、一九六五年一月に私がニューヨーク駐在で単身赴任後、一九六六年四月に家族が渡米するまで、郷里から義母が来てくださり子育てを手伝っていただきました。

妻にかかる私の印象・感想

だれしも心しておられる日常のちょっとした例ですが、

1. 世渡り的なことで言えば、世渡り上手と言えるのかどうか分かりませんが、自分から人様に嫌なことは言わないし、人様からも言われるようなこともほとんどない（井戸端会議的なこともあまり好きでないようで、自分から加わっていかない）。

2. 私に愚痴をこぼさないのみならず、人様にも身内のことをあまり言わない。例えば、嫁のことなどについて、嫁を褒めることはあっても世間でよく言われるような話題から避けて上手に付き合う。また、親しい友人ともお互いに家に過度に入り込んだりして付き合うことはない。そのほうが長くお付き合いができると心得ている（私たちが駐在した当時のニューヨークでは、日本人家族が安心・安全のため比較的多く住んでいる地域があり、日本人同士の付き合いに妻なりに配慮していたらしい）。

3. 妻は自分の子供を小さい頃からきつく叱る、ということはなかった。子供が学校へ行くのが遅れそうになり、私が〝ずる休みではないか〟として注意すると、身を挺して守り、〝私が産んだ子に手を出すな！〟と言われたこともある。

4. 私がニューヨークに単身赴任して1年余り、家族も渡米することになった際、郷里・田辺市在住の私の父親が妻に、〝東京の家はどうする？〟と訊いたとき即座に〝家は売りません！〟と明言すると、父が〝文ちゃんはえらい！〟と喜んでくれた由。

その後、東京の家は改築して狭いながら2軒のアパート・貸家とし、家計を助けることにもつながり、いい判断だったと想います。

5. 私の家では長く、一般紙と日経新聞を2紙購読していたころ、妻が〝日経は結構読むところが多い〟と言っていたことあり。もちろん、経済などのむずかしい記事を理解して読めるわけではないと思うのですが、ざっと目を通しているだけでも何かしらヒントを得る面があるようでした。そして、大学を出て社会人となった孫たちに、〝おばあちゃんは、日経オバサンだよ！〟と私が言うと、孫たちの言い草をまねて、〝オレをバカにするなよ！〟といばって見せていた。

6．一方、私が第二の人生で、62歳で人材紹介の会社を起業した際には、自営業ですので、帳面ツケなどの仕事を妻にやってもらいました。もちろん、税務申告などは私が担当し、必要に応じ長男（公認会計士・税理士）に相談しながらやっていましたが、妻はもともとおカネの面は始末な性格で几帳面、帳簿管理面はしっかりやってくれました。と共に、家に来る郵便物は全部自分が受け取り、自分が開けないと気が済まない、という面もありました。

以上、妻の一面を振り返って綴ってみました。

妻には私にはない持ち味があり、〝しっかり者〟。生きていくうえでの〝知恵〟を備えている、かけがえのない存在であることを改めて認識した次第です。

孫たちが綴るおばあちゃんとのエピソード

二〇二二年は妻との結婚64周年記念の年にあたり、妻は私と離れてグループホームにいるが、元気で穏やかに過ごしている。〝おばあちゃんの第二の人生のスタートの年（おじいちゃんにとっては、第四の人生のスタート年）〟として孫たちから想い出・エピソードが届きました。

娘一家は、私の前の一軒家（49年間住んだ御殿山の家）から、車で数分の高台マンションに住んでおり、娘方の孫たち（男3人、それぞれ4歳違いで二〇二二年現在33／29／25歳に）は幼少のころから、我が家によく出入りしていました。妻は、いつも孫たちの成長を喜びながら、特に食べるほうに気をつかっていましたので、孫たちの想い出・エピソードも食にまつわるものが多いようです。

3冊目の本は、二人の新たな人生のスタートの記念号として、私からの『60数年ぶりのラブレター』とともに、孫たちの妻にまつわる話、エピソードなどをいっぱい織り込みたいと思って孫たちに持ちかけました。

孫たちは、みな〝おばあちゃんはとにかく面白い。いつも温かく迎えてくれ、また、おじいちゃんとのコント？（笑）面白い会話は、二人の仲の良さがいつも伝わってるよ！　俺らが横でニコニコしてる姿を見るのが幸せなんだろなあ〟（笑）と想い出話を綴ってくれました。

そのような孫たちの物語を、これからの『60数年ぶりのラブレター』の中にも〝こうだったね〟と引用する形で、妻にニコニコ微笑んでもらえるようにしたいもの、と願っています。ラブレターはグループホームのスタッフの方に読んで聞かせていただいていますが、スタッフや管理者の方からは、〝いつも楽しみにされていて、眼を見開いて、うなずきながら聴いておられます〟と連絡いただいております。

孫たちからもらった想い出話

1．俺（長男）から

イ．口癖

・アクエア→アクエリアスのこと　注：これ、意識的に言ってるのかな？

・わっち→自分のことの呼び方。おばあちゃんに影響されてたかや（次男）も自分のことをわっちって呼ぶようになった。

・おじん、じじい→おじいちゃんの呼び方（笑）　注：孫たちの前では面白・おかしく。

・いたーだーきます→イントネーションの癖

ロ．ハワイ旅行

・みんながプールで遊んで、おばあちゃんとこうすけ（末っ子）だけがプールサイドで座ってみんなを待ってる時に、こうすけの食べてるお菓子をいっぱいつまみ食いしてた。

・アロハタワーの写真の広告見て、俺らは（写真の撮り方を）「うまいなぁー（上手やなぁ)」って言ってたのに、おばあちゃんはその横のレストランのお肉の広告見て「ほんまや、おいしそうやねー」って言ってた。

ハ・中学高校時代

テスト期間になるとよくおばあちゃんの家に行って、2階のおばあちゃんの部屋でテスト勉強してた。中学生の時に俺が尼崎のクラブチームでサッカーしてたから、学校帰りにおばあちゃんの家で着替えてから行ってた。おばあちゃんはいつもお菓子とかいっぱい買ってくれてて、ご飯もお肉とかカレーとかいっぱい作ってくれたよ。けど大量に作ってくれるから、「なおちゃん(娘)に怒られるかなぁ?」っていつも言いながらも、次から次へとご飯出してくれてた。

ニ・おばあちゃんに怒られた話

俺の記憶の中で、おばあちゃんに本気で怒られたのは俺が小学生高学年ぐらいの時。なんでか忘れたけど、俺とたかや(4歳違いの弟)とおばあちゃん3人だけが家にいる時で、俺とたかやが何かの理由で大喧嘩して、俺がたかやをボコボコにしたら、おばあちゃんにおもいっきり怒られた。おばあちゃんが怒鳴ったのその時初めて聞いたな。

最後に。自分的にはやっぱり何度も連れて行ってもらったハワイ旅行とか、昔おじいちゃんが仕事で駐在し家族で住んだニューヨークに一緒に3人で行った旅行がすごい思い出に残ってるな！

こうやって書くとおばあちゃんやっぱおもろいな。

愉快な話、他にもいっぱいあるけど、またの機会に！

2. 次男から（小さい頃からサッカーに打ち込み、大学時代は、全日本、関西選手権優勝四冠メンバー。ばあちゃんにとっても誇りでした）

・ご飯

おばあちゃんはとにかくよく食べる！　よくバイキングに連れて行ってもらったけど、みんなが話で盛り上がってる中、話も聞きながら？黙々と食べてる姿がとても印象に残ってる！『おばあちゃんよく食べるね！』と言うと、いつもニコッと嬉しそうにして、『いっぱい食べるよ、食べないとあかんよ』と言ってくれた！

・おやつ

いつも家に行くとマリービスケット、カルピスアイス（手作り）、バナナを出してくれたよね！　俺らがいっぱい食べてるのを嬉しそうに見てくれていたけど、実はおばあちゃんの分を残して欲しいんだろなあと思っていました。

・おばあちゃんが作ってくれるトンカツ

チーズ入りのトンカツがめちゃくちゃ美味しかった！　またあのチーズ入りトンカツ食べたいなー！

・わっち

おばあちゃんのわっちは最高や！　俺も気に入ってわっちって言うようになったもん！笑

わっちを広めたいな！

・ワイエムシーエイ

俺が小学校1年～2年に入っていたＹＭＣＡに何度か見に来てくれた！　いつも練習後は

褒めてくれた！

・方向音痴

本当方向音痴だよね。

今思い出しても笑えるのがハワイの男子トイレに堂々と入って行った時。遠くから見てた俺らは『おばあちゃん男子トイレ入った！笑　あはは！　すぐ出てきた！笑笑』と言ってたわ。おばあちゃん、方向音痴とバカは違うよね。

・御殿山の家から駅までの道

俺がサッカー行く時によく会ったよね。

会う時はよく会うもんで、週3回くらい会う時もあったよね！　いつも嬉しそうに話しかけてくれて、俺も嬉しかったなあ！

こんな感じかな!!

3番目の弟（孫）今年25歳（未婚）からは、

明るく、楽しいエピソードは数えきれないが、接していていつも〝結婚したら、おじいちゃん・おばあちゃんのような家庭を築きたいと思っています〟とメッセージを寄せてくれました。ありがとう。

3. 娘から

よその人が知れば、〝いい家族！　文恵さんは一見物静かのようですが、そんな面があるのですね〟と言われます。

孫たちからも前々から〝おばあちゃんはいつも台所に立っている！〟と言われるくらい、食事のこと、台所仕事に一生懸命でした。

おじいちゃんと一緒に行くのが楽しみと言っていたフィットネスクラブに通っていた時も、朝から晩ご飯のことを考えてて、〝帰って来てすぐ食べだすから〟と言って、行く前にテーブルに全部準備していた。

お豆さん炊いたものや煮物など少しでも足しにと用意してくれたし、じいちゃんや子供たちもよく食べるらっきょはシーズンに大量に漬けて、我が家にもたくさんいただいた。メニューのこと：〝美味しいらっきょの漬け方〟というメニューや、卵とニラのいため物、どんぶり、フランス料理のメニューなどもきちんと記して残してくれています。

おかげで、家族みんな健康に育つことができ、感謝しています。


最後に、じいちゃんから。

おばあちゃんは結構面白おかしく、孫たちには特に意識して言うことも多いが、わっちの件は、おばあちゃんが〝わたし〟というのを誰かが、最初のころ〝わっち〟と聞き違え？（そのように聞こえ）、そのうち、面白がって〝わっち〟〝わっち〟と言うようになったのではないか？

いずれにせよ、愉快な物語ですね。

第三章

第四の人生と健康維持の問題について

加齢と闘いながら健康をいかに維持していくかは誰しも直面する課題と存じます。

私自身、二〇二二年四月から六月にかけてかつて経験したことのないことに直面しました。
①心身の疲労感・気だるさ、食欲不振、睡眠不足が重なって出て来て、体調不良により元気印のはずの私が元気を失くしてきたのです。体力・脚力が弱くなり、二〇一五年以来続けてきたロボット歩行器での歩行にも、下肢の浮腫《むくみ》や歩行状態の不安定さで、転倒するという事態が起きてしまいました。長年続けてきた通所リハビリも休むことに相成りました。幸い、怪我なく済みましたが、体力回復するまで歩行器歩行はやめて安全策として、サヨナラしていたはずの車いす生活に逆戻りすることになってしまいました。買い物や身の回りの支援の必要性も高まり、訪問ヘルパーを週2回から週3回に増やしました。
②右記のような体の不調はどうして起きたのか？
イ．春先から寒暖の差が大きく、体の調節がついていかない。ロ．結構暑い日も続いていたので、脱水症状になっていたかも（水分補給はいつも意識しているつもりが油断があったのでは）。ハ．長年住んでいた家の売却・始末の雑事。ニ．妻と離れ離れの一人住まいの生活上の不慣れ。その他諸々の要因が重なって思わぬ事態になったのかもしれません。

この間《かん》ずっと平熱の状態であり、月に2回訪問診察においでいただくかかりつけ医にお聞きしても、血液検査などのデータ上の問題はなく、特に原因が見当たらないという。

③今回体験したことでこわいな、と思ったこと。

生来、比較的胃腸が丈夫なのですが、食欲不振で空腹であるにもかかわらず、〝お腹が空いた〟とか、〝のどが渇いた〟という感覚が鈍くなる。疲労感・気だるさも手伝って、よほど意識して3食を食べる、意識して水を飲む、ということを心がけないといけない。そうでないと何となくそのままで済んでしまい、結果として、体調不良になってはじめて問題に気づくことになりかねないと痛感いたしました。

そのような状況の中でも、何としてもリハビリを続けるため、通所リハビリを休む補完として、訪問リハビリの療法士さんに週2回自宅に来ていただき、ロボット歩行器練習を再開し、マンションの館内歩行などに取り組んできました。徐々に歩行が安定してまいりましたので、これからは、〝妻のいるグループホームに歩行器で面会に行く〟という目標に向けて、外出練習も行っていきます。

〈3冊目の本に挑戦へ〉

右記のような、かつて経験したことのない体調不良と格闘していた時、大阪府高槻市の知人Sさんから、『復活への底力』（出口治明氏著）の紹介を受けました。

この方との出会いは、二〇一九年上梓の拙著『チャレンジド魂』を読まれて、感銘を受けたとのご連絡をいただいた時から交流が始まりました。そのご縁から、Sさんが高槻市の福祉団体の役員をされている関係から、同福祉団体の本部との共催で、私のリハビリ体験の講演のお世話をいただきました（二〇二〇年於高槻市）。

ご紹介いただいた『復活への底力』に触発され、新たな挑戦をしてみたくなりました。

妻の認知症がこの数年余りで徐々に進行した過程は、私のリハビリ人生（第三の人生）で妻の心配・負担が増えて、いわば〝巣ごもり状態〟で外出の機会が減っていったことと関連ないとは言えない（このことは新型コロナ禍で巣ごもりが増えて認知症が増える原因にもなっている、と言われていることと符合します）。

このような話を反省を込めて、リハビリ関係者などにすることもありますが、そのたびに〝自分を責めないで〟と言って励まされます。

妻との離れ離れの人生を大切にしながら、自分は前を向いて第四の人生を切り開いてまいりたい、二人ともまだまだこれから、との希望を持って、妻と離れ離れになって以後の第四の人生のことを書いてみたくなったのです。

そうとなると、やる気とともに、どんどん元気になって、体力回復につながってきました。この経緯をこの十年来、私のリハビリ人生（第三の人生）を応援いただいた、ある方にメールいたしましたところ、〝また、書きたくなった！その気持ち、「チャレンジド魂」を大切に日々日常を、エンジョイされていることがうかがわれます〟とエールを送っていただきました。

〈私たち　まだ若い⁉〉

同じころ、私が加入しているシニア仲間のウェブサイトに、左記要旨の寄稿記事が載りました。

〝日本教職員連盟の九月通信で、和歌山に「１００歳大学」の設立に向けた動きがあるとありました。――中略――

老齢年金、退職年金の受給からではなく、今後は、90歳までくらいは老人予備軍で100歳になってやっと老人という言葉が使われるのかもしれません。

そうなれば、80代、90代は老人の予備軍になりそうで、自分から年寄りになる必要もなく、自ら暗い老後にせずに、しかし、健康だけには注意して、コロナにもインフルエンザにも負けずに生き抜きたいものです。(F)〞

これに関連し、私はウェブサイトに次のように寄稿しました。

〝Fさんの手記を読ませていただき嬉しくなりました。

100歳になったら老人、という定義になれば、「私たち　まだ若い⁉」に同感です。

皆様各人各様の解釈・受け止めようかと存じますが、気持ちが若いとされる私の気持ち年齢からすれば、老人予備軍の一員ながら、自分はまだ壮年、いや青年の気分です。

Fさんのお言葉を改めて引用させていただきます。

〝自分から年寄りになる必要もなく、自ら暗い老後にせずに、しかし、健康だけには注意して、コロナにもインフルエンザにも負けずに生き抜きたいものです〞

Ｆさんのお言葉に勇気づけられました。ありがとうございました。

第四章

第四の人生～私自身の新しい生き方模索中

二〇二一年、数え年で88歳となり、古巣の大阪社友会から依頼され、会報に左記寄稿しました。

〈米寿を迎えての思い〉

昭和九年九月生まれ。年齢のことはあまり意識しない性分で、今年いただいた年賀状の中に、2人の友人から〝米寿おめでとう〟と書かれており、〝あれ!? まだ先のことでは?〟と思っていました。追っかけて、古巣の社友会から、お祝い状と結構な贈物をお届けいただき、改めて、今年数えの88歳になり、米寿を迎えたことを納得したような次第でした。

それほどに、加齢のことはあまり気にせずに、これまでの人生を送ってまいりまして、満77歳の時に起きた重度頸髄損傷事故は、普通なら再起不能で寝たきりになってしまうとされていましたが、もともと「生涯現役」をモットーとしてきたこともあってか、なにくそ精神で再起を目指しリハビリに取り組んでまいりました。

社友会仲間各位、リハビリ関係者、周囲の方々など多くの皆様のご支援とお励ましのおかげで、ここに米寿を迎えることができ、誠にありがたく、改めて感謝申し上げます。

マスターズマンション宝塚中山・中楽坊での新しい人生

新居を〝終の棲家〟として、第三の人生・リハビリ人生を克服し第四の人生を迎え、愚直人生を全うしたい――

49年ぶりに新住居に移住したばかりの二〇二一年は、私にとって「克服力」（レジリエンス）を試される年でした。

「レジリエンスRESILIENCE」という言葉は、国家・社会が直面する危機的状況を突破する、という意味で、最近新聞などにもよく引用されているようですが、私なりには、自分に直面する困難に打ち克ち、乗り越えていく「克服力」が当てはまるかと受け止めています。

妻と離れ離れながら、今の妻にとってのマイホーム・グループホームにお預かりいただいてひとまず安心できるようになった一方で、身体が不自由な身で「おひとり様」となった私。これからの人生（第四の人生）をいかに前向きに生き抜いていくか。

二〇二二年七月七日のマンション玄関の七夕飾りの短冊には、〝おひとり様の状態となっていますが、引き続きお守りいただきますよう〟と書き記しました。

これまでの私の人生スタイルは、何事もポジティブに受け止め、逃げずに立ち向かっていくので、人様からMR.POSITIVEとか元気印とか行動力の人とか言われてきました。たしかに、不器用人間だけに、私の流儀で何事にもチャンスありと受け止め、可能性を追求していく。このポジティブマインドが心身ともに元気になる素であり、モットーとしてきた『生涯現役』を念じ続けることが原動力となって仕事にもリハビリにもやりがいを感じ、充実して取り組んで来られたと自分なりに実感し、納得しています。

私には今、第四の人生の目標としている、尊敬申し上げている人生の大先輩の方々が身近に何人かおられます。

その中の一人は、私より10歳お年が上のリハビリ仲間です。もうすぐ白寿を迎えられるお年というのに心身ともにお元気。この方の奥様（故人）は認知症になられて最後は特養に入られ、（数年前、新型コロナウイルスのような感染の問題なく）連日見舞いに出かけることができたとし、枕もとで愛おしい認知症の妻との最期の時間を過ごされた模様など、聞かせていただいている方です。今も自分に向いたリハビリを工夫しながら取り入れたり、話題も豊富で周囲からも敬愛されている貴重な存在です（この方も奥様の認知症が進行していく中での葛藤の辛さのことも述懐されていた）。

ほかにもウェブサイト仲間で私より3歳ほど年上の文武両道、趣味も豊かでお元気な方々。共通しておられるのは皆さん健康づくりに努める一方、90代になっても、好奇心が旺盛で、家に閉じこもらず、外に出て写真、絵筆など手足を動かす点です。そして、見聞されたところをメールなどで発信される。私はそれに触発されることも多く大きな刺激になっています。

このマンションの仲間にもそのような刺激をいただく方がおられます。ある時〝（スポーツ・文化の面で）90歳になって新たに始めるものを持つ〟という目標を80代半ばのお年ながら仰っているのを聞きました。もちろん日頃からそのような心がけをお持ちで、意識して取り組んでおられるので、運動・趣味の両面にわたって優れておられ、まさに『生涯現役』の極意を体現されている方。

私はそのような方々に及ぶべくもありませんが、私なりに当面、左記のような新しい生き方を模索中です。いずれも私にとってチャレンジングなことばかりですが、これからもポジティブに元気に、充実した『生涯現役』を貫く所存です。

1. マンションから約1キロ半ぐらいの妻のグループホームに歩行器で歩いて面会に行く。
2. 社会参加の一環でマンション内の生活部会という組織に属し、仲間との交流を深める。
3. 同じくマンション内同好会、運動・文化面の集い「わくわく倶楽部」の中の吹き矢クラブに入会。

古巣の長年の友人へ　（一九六五年一月米国NY駐在以来の友人）

Tさん
83歳のクリスマスを迎えられ、おめでとうございます。

そして、私にもご丁重な書信とともにクリスマスギフトまでお送りくださり誠にありがとうございます。

ご家族そろって健康で明るく各自の目標に向かってまい進中と承り、ご同慶の至りに存じます。

貴兄今年83歳、来年は年男。目標は〝米寿〟〝卒寿〟を超えて〝白寿〟。

ご存じと思いますが、「来福笑門」の〝長寿の慶び〟の中に、

「卒寿」九十歳でお迎えに来た時はそう急がずともよいと言え
「白寿」九十九歳でお迎えに来た時は頃を見てこちらからぼつぼつ行くと言え

とあります。私なりに、長寿への励ましの言葉として受け止めているのですが、「人生100年」時代ですから、心がけ次第で白寿を超えて、健康長寿・長生きされる方もどんどん増えていくと存じます。

現に、私の母（明治三十七年生まれ）は数年前、幸い認知症にもならず健康長寿で、110歳で天寿を全うしました。

また、私の郷里・紀伊田辺の同級生で、よく励ましの電話をくれる元気な仲間がいて、120歳までがんばると言っております。

お互い一日一日を大切にしながら健康長寿にチャレンジしていきましょう。

余談ですが。リハビリに通う送迎車に同乗されるおしゃべり好きなおばさん二人（まだ70代かな）がおられます。その中のお一人から、他愛ない日常会話（医者通いの話も多い）の中に時々、

〝（この）今がしあわせなのかな〟とか〝これがしあわせなんかな〟との言葉が聞かれます。

普通の井戸端会議も好きなタイプなのに、愚痴とか嫁のこととか、という類の話は出ない。

えらいな、と思いながら二人の会話を聞いていた時ふと、毎朝日課として、般若心経を写

経している話が出ました。

特に意識して仏教の話などされたわけでない会話の中で出たのです。

このおばさんが時々自然に〝これがしあわせなんかな〟などという（感謝の）言葉が出てくるのには、般若心経の〝真髄〟とされる〝とらわれないこころ〟が自然に身についておられる（よく言われる三毒〝我執、怒り、愚痴〟にとらわれずに）ようにさえ感じられます。

そういえば、右記〝長寿の慶び〟の最後に、〝気はながく　こころはまるく　腹たてず　口をつつしめば　命ながらえる〟とあります。

88歳の年末に当たり、貴兄からの変わらぬお励まし、お心遣いに改めて感謝申し上げるとともに、今後ともご支援のほどよろしくお願いいたします。

二〇二三年一月寒中見舞い
寒中お見舞い申し上げます

昨年、私の実兄　92歳、義兄（妻の長兄）91歳が亡くなり喪中につき新年のご挨拶を失礼させていただきました。

昨年二月妻・文恵は宝塚市内のグループホームに入居しましたが、元気に穏やかに過ごしております。おかげさまで、私も二〇二〇年暮れに妻と引っ越してまいりましたマスターズマンションで妻と離れ離れのひとり生活になりながらも安全第一を心掛けつつ元気に日々を送っております。

妻のところはこのマンションからタクシーで数分と近いのでコロナウイルス対策で面会はガラス越しながら、互いの元気を確かめ合うことができ安心です。

このような離れ離れの人生を第四の人生（第一の人生：会社生活時代、第二の人生：会社

定年後起業した人材紹介会社自営時代、第三の人生：重度頸髄損傷によるリハビリ生活時代に続く）と位置付け、

妻に面会や手紙で「安心と元気」を届けながら、リハビリを続けつつ新たな充実した人生の生き方を模索しているところです。

（目下、第四の人生への希望と挑戦をテーマに3冊目の本づくりにも取り組み中です）

長年にわたるご厚誼およびご支援に対し厚くお礼申し上げますとともに、引き続きご支援賜りますようお願い申し上げます。

寒中、皆々様のご自愛・ご健勝をお祈り申し上げます。

二〇二三年一月　佐武博司

別掲　二〇二三年一月寒中お見舞いに対する反響と私なりの受け止め

長らくご無沙汰いたしている方々含め、お世話になっている皆様へ近況報告を兼ね、寒中見舞い状をお送りしたところ、様々な有難い反響、お励ましのメールをいただきました。

1. 奥様と離れ離れの生活はなんとも不自由で寂しい思いがあると思いますが、訪問して面会できることを楽しみに変えている、そのようなところが佐武さんの強靭な、素晴らしい活力と敬服します。

2. お久しぶりです。いつも前向きな姿勢で人生に真っ直ぐに向き合い行動する、佐武さん。本当に素晴らしいと思います。
私も2年前に妻を病気で亡くし本当に落ち込みましたが、お陰様で子供、孫達に恵まれ元気に過ごしております。

今年65歳を迎えますが、現在は中堅企業の常務として管理本部長をしております。任期はあと一年半ですが、退任後もご縁のあるところで働きたい。佐武さんを見習って現役を継続できればと思っております。

3．・活力を持ってすべてに挑戦しておられるようで、いつも感服しています。
　・いろいろ大変な中、常に前向きに過ごされている精神力に敬服です。

4．・2年半ぶりの便りになります。第四の大人生。とても参考になることが多くお礼申し上げます。私は80歳を越え第三の人生になります。嬉しく拝見させていただきました。感謝。
　・同期入社われわれ全て人生の最終章、この数年をどう生きるかが課題です。少なくとも、意味を見出せる生き方で最終章を終わらせたいですね。

5．だんなさんを亡くし遺された奥様が紹介されたグループホームに入られ、生き返ったようにお元気になられた例を知っております。

人は歳をとればとるほど話し相手が必要なんだと実感した次第です。佐武さんはいつも話すこと、自己表現（ウェブサイト仲間などにも発信・アウトプット）を心がけて居られますので、やはりこれがお元気の源泉と改めて感じております。

6．佐武さまご夫婦の、特に奥様を大事になさっていらっしゃることには、女性として本当に感じ入っています。

私には、奥様は最高に幸せな人であり、佐武さまは、男性として、夫として、心の広いお方です。等々。

私なりの受け止め

妻・文恵は、グループホームがマイホームとなり、元気に穏やかに過ごしており、何より嬉しいのは、不安のない、安心しきった良い表情になっていること。

文恵にとっての第二の人生・グループホーム生活は、まさに至福の時であると思います。

妻に「安心と元気」を届けることを第四の人生の第一の努めとしている私にとって、妻の幸せを見届けることのできる私自身も嬉しくありがたく幸せに感じております。

二〇二三年一月　妻への年始の手紙

文恵おばあちゃんへ　　博司じいちゃんより　二〇二三年一月八日

明けましておめでとう。

グループホームの皆さんといっしょにお正月をお祝いできて良かったね。

おじいちゃんはマンションで直子が持ってきてくれたおせち料理を部屋でいただきました。おいしかったです。以前はおばあちゃんと年末年始、京都のホテルに泊まったり、おじいちゃんが脊髄のケガしてからは宝塚ワシントンホテルに泊まっておせち料理をいただきましたね。

今年も新年のご挨拶状・寒中見舞い状をお世話になった方々に出しました。おばあちゃんがグループホームで、不安なく安心して、穏やかに、元気に過ごしていることやおばあちゃんに面会やお手紙するのとは別に、おじいちゃんの声を吹き込んだボイスメッセージを届けたりしているとおばあちゃんは安心して元気になり、喜んでくれているとお伝えしました。

皆さんからのお返事には、「おじいちゃんは奥さん想いで優しい」とか「おばあちゃんは最高に幸せな人」だと言ってくれています。おじいちゃんにとってもおばあちゃんが安心して元気になっていてくれるのを見ると、本当に嬉しく、ありがたく、幸せですと申し上げています。

これもグループホームの皆様の手厚いお世話のおかげであり、またおばあちゃんがいつも「私に七福神様が付いていてくださっている」と言ってた七福神様やご先祖様のお守りのおかげですね。感謝しましょう。

今年はおばあちゃんとのこれまでのことやこれからの楽しみのことをいっぱい書いたおじいちゃんの3冊目の本ができますよ。

今書いている途中で、出来上がるのはまだちょっと先になりますが、楽しみにしていてね。

おばあちゃん、今年もご飯をたくさん食べて、元気に楽しく過ごそうね。

おじいちゃんもおばあちゃんに「気を付けてね」と言われていることを思いだしながら元気でがんばります。また会いに来るからね。待っててね。（おじいちゃんより）

第一章

第四の人生：第一の努め：『60数年ぶりのラブレター』を綴ること

第一部・第一章において、〝私が第四の人生と位置付けるのは、二〇一二年二月の事故以来の第三の人生、リハビリ人生を卒業し、あくまでも自立歩行を取り戻した人生であり、まだまだこれからです〟と記しました。

妻の認知力低下

一方で妻の認知力の低下がやまず、食事はマンションのレストランで3食を摂ることができるものの、5階の部屋から1階のレストランまでの行き来、レストランから玄関までの行き来、そのほかの様々なところで周囲の皆様にお世話をかけることが増えてきました。

家の中では、トイレへの行き来、シモのケアなどが大変になってきて、何分私自身が不自由な身、妻を支えきれずに時々二人がすわりこむこともあり、1階にあるサポートステーションに応援を依頼することが起きてきました。

私が懸命になればなるほど、尽くせば尽くすほど共倒れになるリスクが大きくなる、もう在宅介護は限界に来ているとされ、サポートいただく関係者の皆様から、二人の安全を守るため、介護施設（例えば、グループホーム）に妻が入居するなどの方策を講ずべきなどとのアドバイスを受けるに至りました。63年間連れ添ってきた二人の生活を新居で大事に守り続けることを誓った私にとって、これまでにない誠に辛い決断を迫られる事態に相成った次第です。

この間《かん》、妻は、時々に、〝ありがとう〟〝ごめんね〟（何もできなくて、の意）〝気を付けてね〟、時には〝恥ずかしい〟との言葉も発しました。認知力低下が進んで頭の中が混乱、葛藤する中での心の奥底からの悲痛な叫びであったのではと思うと誠に辛い。

かかりつけ医に相談

かかりつけの先生（月2回訪問診療いただく）には次のようなご相談もしました。

いつも何かとご配慮いただきありがとうございます。

懸案のグループホーム入居は、このマンションにも比較的近いグループホーム様に受け入れていただくことになりました。二〇二一年一月以来お世話になってきたデイサービスと同じグループビルにあり、妻にとっては最も馴染みやすいところなので喜んでおります。

ご相談・お願いです。気分を落ち着かせる薬の件です。

（中略）文恵に下記のような現象が起きております。必ずしも、薬との因果関係があるとは言えませんが、今回の処方より当該薬をいったん中止にしていただき、様子を見たく存じます。

1）このマンションのサポートステーションのスタッフや住民仲間の皆さんがびっくりするくらい、元気がなくなっており、表情も変わってきている。

2）キャスターバッグを右手で引いて歩いていた姿勢が、背中が曲がり、下を向いて歩くようになってきた（対策として、背の高い両手ハンドルの歩行器をレンタルし、不安定なキャスターバッグはやめにしました）。

3）以前は朝は6時半～7時ごろ目を覚まし、〝トイレ〟との呼び声で、トイレにつれて行き、オシメ類を替え、服に着がえて、昔からの習慣である、鏡台に向かって30〜40分座っていたのが、だんだん鏡台に向かわなくなってきた。もともとおしゃれ好きだったが、それも面倒になり、歯磨きなどもさぼりだしたので、九月から訪問歯科医さんにも来ていただき口腔ケアなどしていただいています。

4）ベッドで眠る時間も異常に長くなり、また車いすに座っていても目をつむり下を向いていることが多い。デイサービスさんでも食事時、口を開けないので食べさせていただくのに苦労されている模様です。娘が来たときは、スプーンで口を開け食べさせています。日頃食事量は細っていますが、食べさせると結構食べられますし、十二月二日に東京から息子が来て、娘も一緒に4人でハイカラなイタリアンレストランに行ったら結構食べて、喜ばせてくれました。食欲も気分次第ということもあるかと思いますが、それではじり貧です。ただもともと胃腸は丈夫なので食べる力はまだ残っているかと存じます。

まだまだ生きる力・意欲を引き出していただける可能性は残っているかとグループホームでの新出発に期待いたしている次第です。

佐武博司　二〇二二年一月十七日

グループホーム入り

バリアフリーの新しいマンションで二人の生活を守り続け、ここを終の棲家として生涯を全うする、との願いはかなわず、妻は二〇二二年二月よりグループホームに移り、二人は離れ離れの生活になりました。グループホームは昼夜ケアが必要な認知症の方々が10人ほどの小グループで共同生活を営んでいます。各人が個室を持ち、それがマイホームとしてアットホームな雰囲気を醸すので、おかげさまで妻も入居当初から馴染み、気分良く過ごしている様子で、食事もよく食べ元気、顔の表情も穏やかで落ち着いています。

ちなみに、文恵の部屋には、鏡台など長年家で使い慣れたものを取り揃えて一室にまとめられており、スタッフの皆さんの行き届いた心遣いもあって、精神的にも安心して過ごせているのだと思います。

私の第四の人生の第一の努め

妻と離れ離れの状態からいかに妻を励まし、元気づけていくか。コロナ禍のご時世で面会もガラス越し、対話がむずかしい状況下、面会に訪れた際に、スタッフの方に手紙をお届けし、スタッフの方からご面倒ながら、折をみて部屋で読んで聞かせていただいております。そのたびに妻は非常に喜び、一々うなずき安心しきった面持ちになるというご連絡をいただいており、私の第四の人生の何よりの喜びとなっております。

第二章

『60数年ぶりのラブレター』書簡集

『60数年ぶりのラブレター』　その1

文恵おばあちゃんへ　　　　　　博司じいちゃんより　　二月三日　節分の日に記す

二月一日から、おばあちゃんの新しいお部屋に移れてよかったね。

皆さん、親切にしてくれるし、ごはんも　おいしいでしょう！　たくさん食べて元気になってね。

お部屋には昔から愛用していた鏡台や細長い薄茶色のハンドバッグ、これは孝俊君（注：娘直子の長男）が、もう15年ほど前、大学生になった時に孝俊君、ママ、僕の3人で、昔5年間住んだ、懐かしいニューヨークへ旅行した時に5番街で買ったものでしたね、それとか家で寝ていた時のふとんや服などいろいろのものが部屋にそろっているでしょう！　ほかに欲しい、いるものがあれば、お世話いただいているスタッフの方、Yさんに頼んでくださいね。

おばあちゃんは、もともとキレイ好きだから、身の回りを整理整とんして落ち着いたら、直子も一緒に会いに行きます。では元気でいてね。

二月十八日午後、娘直子と一緒に訪問。ただし、4階の部屋での直接の面会はできず、玄関で15分ばかりガラス越しで面会。

妻は以前のような、眼を閉じ下を向いたままの姿勢とはまるで違って、車いすながら、背筋を伸ばしパッチリ眼を開いてこちらを見ながら、ときに手を伸ばして握手しようとしたり（ガラスが邪魔なしぐさも）、ちょっと足を踏み込んで立とうとしたり（一緒に散歩に行こうとしたのかも）、こちらの話を聞き分けてくれた。

十一月頃にできた両足かかとの褥瘡はまだ治っておらず、車いすで足が弱くなっているので、夜だけでなく、昼間もトイレに行くのは大変で、テープ止めおむつ、吸収性の良い尿取りパッドに頼るという状態。しかし、二十二日昼前に僕が電話し、応対いただいた方は、「ご飯をよく食べ、元気にしておられる。こちらに来られて3週間、日ごとに顔色なども良くなって来られている」と。

グループホームに入り環境が変われば、以前の自分がよみがえり、自信を取り戻す、そんなことにつながらないか、そのような期待・希望さえ持ちたくなってくる。

『ケアマネジャーさんからのコメント』

グループホームに入って以来、妻の状況が画期的に好転したことにつき、ケアマネから、左記コメントを頂戴した。

「お電話でもうかがっていた通り、文恵様の体調や活気が大幅に改善されたご様子で嬉しい限りです。面会時には最近乏しかった反応があったことも嬉しい出来事でしたね。

グループホームでのケアももちろんですが、お部屋に馴染みの家具や品をいろいろとご準備された博司様の配慮の賜物と思います。この調子で、以前のご自分を取り戻し、文恵様があの素敵な笑顔で日々過ごせますよう私も願っています。」

『60数年ぶりのラブレター』　その2

博司じいちゃんより　　三月十七日に記す

文恵おばあちゃんへ

おばあちゃん、久しぶりです。

前回二月十八日に娘直子といっしょに来てから、もうだいぶたってしまい、ごめんね。ちょうど確定申告のシーズンだったし、いろいろ忙しかったが、この通り元気です。Yさんやグループホームの皆さんが良くしてくれるおかげで、おばあちゃんがご飯もよく食べ、どんどん元気になっていることをいつもお聞きしていました。またそちらに訪問のお医者さんや歯医者さん、訪問看護師さんからも、おばあちゃんが車いすに乗っていても姿勢よく座り、ちゃんと眼を見開きしてよく聞いて対応してくれると喜んでおられます。

家族みんなも、おばあちゃんがどんどん良くなっていることを本当に嬉しく思っております。暖かい春の気候になったので、足の傷も良くなり、歩けるようになったら、また一緒に散歩しようね。今、マンションの玄関の前の梅の花がきれいに咲いています。先日の朝、リハビリに行く前に撮ってもらった写真です。(次ページ写真参照)

おじいちゃんは今、マンションで一人住まいだから、おばあちゃんから「気を付けてね」と言われていることをいつも思い出しながら、部屋やベランダで転倒などしないよう十分気を付けています。おばあちゃんも、6人の孫たちや6人のひ孫たちにとっても大事なおばあ

施設廊下での文恵と
面会時写真

ちゃんだから、車いすから立ったりしないよう、くれぐれも気を付けてくださいね。

今日は会えて本当に嬉しかった！　また来ます。これからも　ご飯をたくさん食べて、グループホームの皆さんと体操やゲームや紙細工などおばあちゃんの得意なことをしながら、元気に楽しく過ごしてくださいね。ありがとう。

『60数年ぶりのラブレター』その3

文恵おばあちゃんへ　　　　博司じいちゃんより　四月十七日に記す

おばあちゃん、四月十六日土曜日に純平兄さん、敦子姉さん、長男の幸雄さんがそちらに訪ねてくださり、よかったね。もう2年以上前に宝塚ワシントンホテルで会って以来だから、久しぶりにおばあちゃんの元気な姿を見て、純平さん、安心され嬉し涙だったね。おばあちゃんがイヤリングしてスカーフを首飾りにした、以前からのオシャレスタイルが〝きれいだよ〟と言ってくれましたね。また、すま子お母さんを想い出して〝よく似ている〟とも。

もちろん、きょうだいだから、小さい子供のころからの二人の想い出も重なって、万感《ばんかん》胸

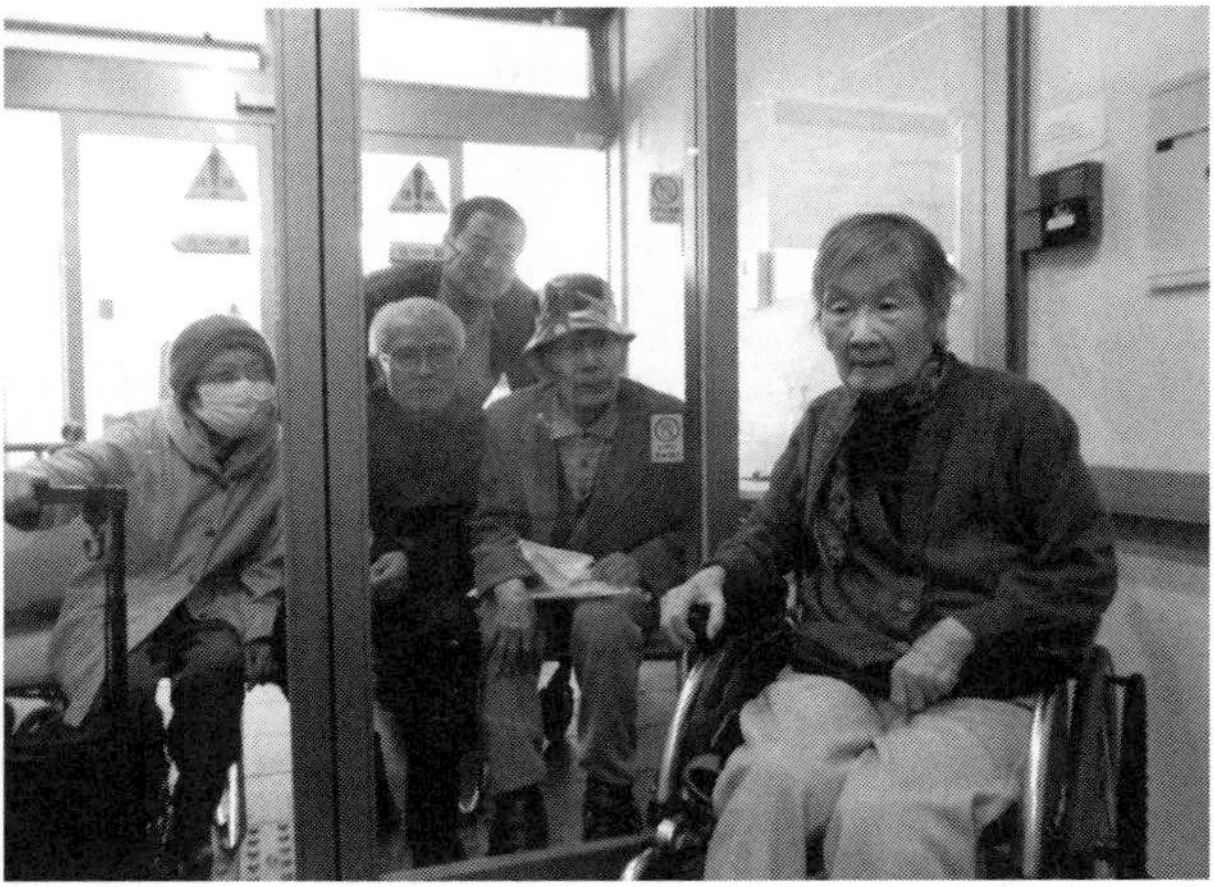

いっぱいだったことでしょう。
ぼくがそちらにうかがって、おばあちゃんの元気で落ち着いた姿をみていつも嬉しくて、感激するのだから、純平さんたちにも心から喜んでいただき良かった！です。
スタッフのKさまに玄関でみんなそろった記念の写真を撮っていただいているので、思い出に鏡台のあたりに置いておきなさいね。純平さんたちにはぼくから送っておきます。

今はまだコロナの感染に気を付けねばいけないから、玄関でのガラス越しでの面会でしたが、コロナの心配がなくなったらみんなで食事にも行きたいね。それまでおばあちゃんもご飯をしっかり食べて、じょくそうも治しておきましょう。

純平さんたち、帰りにマンションのわが家に寄っていただきました。マンションのレストランも見ていただき、〝ぼくはここで朝・昼・晩、食事できるので安心してください〟と申し上げておきました。

今、ぼく一人のマンション生活ですが、おばあちゃんから〝気を付けてね〟と言われていることをいつも思い出しながら、転倒などしないように十分気を付けております。

おばあちゃんはグループホームの皆さんが見守ってくださっているのでありがたいです。

ただ、車いすにも気を付けてくださいね。車いすから立ち上がったりしないでね。

次は、直子と一緒に行きます。待っててね。

『60数年ぶりのラブレター』 その4

「母の日」に寄せて

文恵おばあちゃんへ　　　　博司じいちゃんより　二〇二二年五月八日に記す

母の日、おめでとう。五月二十二日の誕生日ももうすぐですね。おめでとう。

純平兄さんたちのメッセージや直子のお祝いカードも別にいただいているのでスタッフの方に読んでもらいなさいね。

孫たちからのメッセージ

小さい頃から近いところに住んでいた直子の〝だんご3兄弟〟（たかとし・たかや・こうすけ）からのおばあちゃんへのメッセージをお伝えします。

1. おばあちゃん、こんにちは！　　直子・長男《ちょうなん》　孝俊《たかとし》より

元気かな？　毎日楽しく過ごしてるかな？　ご飯もいっぱい食べれているかな？

おばあちゃんが昔からずっと言ってた、「いたーだーきます！」という挨拶は、俺も息子の孝大《こうだい》・孝駕《こうが》（↑おばあちゃんのひ孫だね）に毎日言い聞かせてるよ！

いつも楽しそうに、笑いながら、大量にご飯を食べるおばあちゃんを見て育ったので、自分の子どもにもそうやってたらふくご飯を食べさせてあげようと思ってます。

ゴールデンウイークに宝塚に帰るし、その後はお盆にも帰るね。その頃にはコロナおちついてるかな。久しぶりに、アベーラか新しくできた宝塚ホテルにでも行って、一緒にご飯食べたいね。引き続き、元気に楽しく過ごしてね！！

また会えるのを楽しみにしてます。

孝俊

2. おばあちゃん！　孝也です！

直子・次男《じなん》　孝也《たかや》より

サッカーばっかりしていた孝也です！　3兄弟の次男だよ！

新生活（しんせいかつ）は楽しい？　おばあちゃんの写真を見ると、日に日に明るくなっていて、とても嬉しいです！　相変わらず、おばあちゃんの部屋は綺麗《きれい》だね〜！
もう少しコロナが落ち着けば、今1歳半になる律也《りつや》と陸也《りくや》の双子《ふたご》と一緒に会いに行くね！
律也陸也はわっちの子供です!!

小さい頃、おばあちゃんに『ご飯一粒残《ひとつぶのこ》さず食べなさい。食べれない人もいるんだよ』って教《おそ》わりました。以来、そのことを絶対守《ぜったいまも》るようにしていて、ご飯は綺麗《きれい》に食べきるようにしています。律也陸也が大きくなったらそれを絶対伝えようと思ってるよ！　おばあちゃんもご飯モリモリ食べてね〜！　それでは！　また会いに行くね〜！

孝也

3．おばあちゃん！　こうすけです！

直子・三男《さんなん》　孝祐《こうすけ》より

こうちゃんと皆から呼ばれている直ちゃんの子どもの一番下の一番可愛い男の子です！笑
今は東京で仕事をしてて、なかなか会えないけれど、おばあちゃんの写真をよくおじいちゃんから送ってもらってるよ！

日に日に明るくなってるのが分かってすごく嬉しいよ！

昔、みんなでよく宝塚ホテルのバイキングとか食べに行ってた時、おばあちゃんとどっちが多く食べれるか対決してたおかげで、今では家族で背《せ》も心《こころ》も一番大きいです！笑

でも外で食べるどの料理よりも、こーすけはおばあちゃんの作るチーズカツがチーズたっぷりで大好きだったよ！

今では、東京でおばあちゃんみたいに美味《おい》しい料理《りょうり》を作れるようにちゃんと自炊《じすい》していっぱいご飯食べてるよ！

おばあちゃんもいっぱいご飯食べるんだよー！

また東京から帰ったら会いにいきます!!

孝祐

博司じいちゃんより

昔《むかし》おばあちゃんは、孫たちから、〝おばあちゃんはいつも台所《だいどころ》に立っている！〟といわれていたのを思い出します。それほどに料理《りょうり》を作って孫たちにも沢山《たくさん》食べてもらい喜んでもらったし、自分もよく食べたんだね。

それとともに、おばあちゃんは〝いたーだーきます〟のあいさつとか〝ご飯をひとつぶのこさず　たべなさい〟とか孫たちにちゃんとしつけもしていたんだね。孫たちへのそのしつけは今も守られ、自分のこども（ぼくらのひ孫）にも引き継がれているようで嬉しいことですね。

グループホームの皆さんのおかげで、おばあちゃんが前のように元気になり、よく食べ、血色《けっしょく》もよくなり、明るく楽しい（あかるくたのしい）、笑顔（えがお）のおばあちゃんが戻ってきたと、みんな喜んでくれています。ありがとうございます。

おばあちゃんは、もともと体が丈夫（じょうぶ）で、よく運動もしていた。ごてんやまの家から急な坂（きゅうなさか）を歩いて南口の宝塚ホテルの水泳プールへ通って泳いだり、家でもベッドで手足を動かしたりしていたからね。

じょくそうが治ったら少しずつ歩く練習もして、散歩したり、またみんなと一緒にご飯を食べに行きましょう。

みなさんから「母の日」にふさわしい、おばあちゃんへの感謝《かんしゃ》とお励《はげ》ましのメッセージをいただき良かったね。孫たち・ひ孫たちにとっても大事なおばあちゃんだから、これからも元気でいてね。「母の日」おめでとう。ありがとう。

文恵の次兄夫妻と次兄長男からの〈母の日　メッセージ〉

文恵さんへ

この間は元気そうな姿《すがた》を目にすることができて本当《ほんとう》にうれしかった。自動《じどう》ドアのガラス越《ご》しだったけれど、こちらをじっと見つめてくれて涙が出てきたよ。

コロナが終息《しゅうそく》して博司さんと一緒《いっしょ》に過ごせる日が一日も早く来ることを願《ねが》っています。
その時までお互《たが》い長生きしましょうね。

令和四年　五月八日　奥　純平《じゅんぺい》・敦子《あつこ》より

文恵おばさまへ

先日はお元気そうなお姿を拝見《はいけん》し、安心いたしました。
施設の職員さんも優《やさ》しそうな方でよかったですね。
私の中では、小学生の頃の思い出にあるすま子おばあちゃまにそっくりなお姿でした。
やはり親子なんですね。
お体に気をつけて長生きされてください。

令和四年　五月八日　奥　幸雄（ゆきお）より

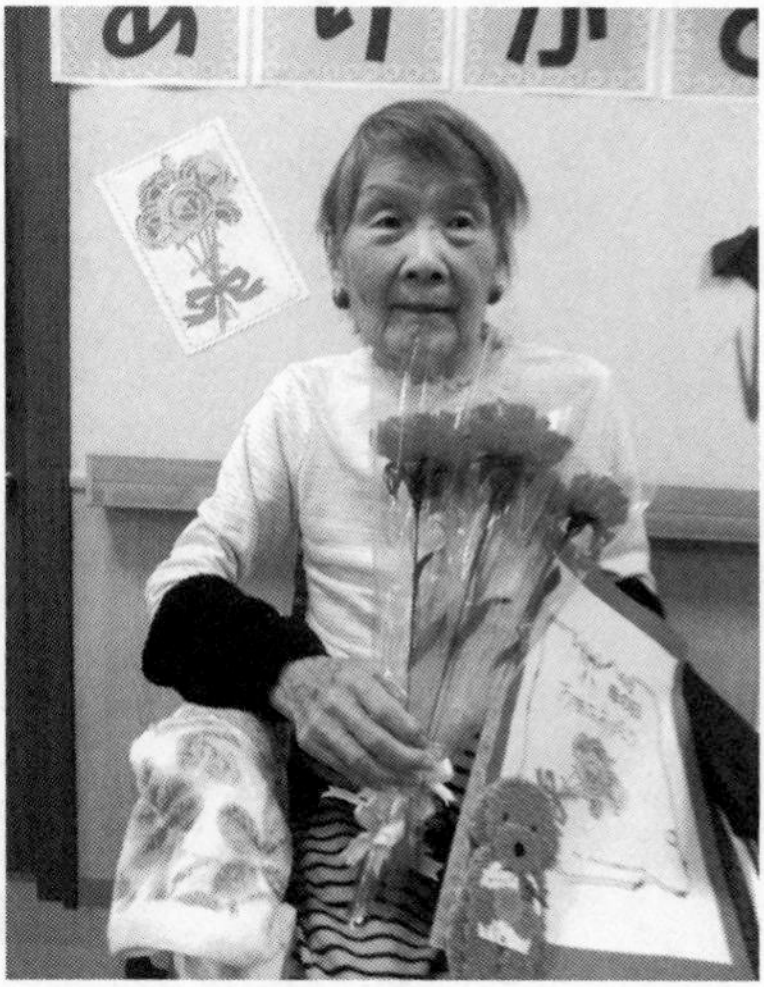
「母の日」記念写真

『60数年ぶりのラブレター』　その5

文恵おばあちゃんへ

博司じいちゃんより　二〇二二年八月末に記す

お手紙を書くのは、五月八日の「母の日」のメッセージ以来となりました。そのときは、直子や孫たち3人、それに奥純平兄さん夫妻と長男の幸雄さんも一緒にメッセージをいただき、「母の日」のお祝いとばあちゃんが今年『米寿』（数え年で88歳）を迎えて、ますます元気でいてくれるのを喜んでいただきましたね。

今年の夏はとりわけ暑かったですが、スタッフの方々に2〜3日おきにお電話するといつも、おばあちゃんはご飯もたくさん食べてずーっと元気でご機嫌ですとおっしゃっていただいておりました。ぼくも直子や仲家族も暑さにまけずみな元気です。直子はいつも〝丈夫な体に産んでくれてありがとう〟と言ってくれています。

新型コロナウイルスの影響でおばあちゃんに会いに行ってもガラス越しでちゃんとお話も

できませんが、おばあちゃんが元気でいてくれることをこの眼で確かめることができるし、お互いに眼を合わせるだけでも嬉しいね。

おばあちゃんはグループホームの皆さんに見守られながら生活できているので本当に安心です。

おじいちゃんはマンションで一人住まいですが、おばあちゃんから〝気を付けてね〟と言われていることをいつも思い出しながら、何事にも動作に時間はかかるが、慌てずに気を付けながらやっておりますから安心してください。

グループホームとマンションは近いところだし、いつでも会えるので嬉しいね。

また行きます。ご飯をたくさん食べて元気でいてね。

（二〇二二年晩夏）

『60数年ぶりのラブレター』　その6

二〇二二年九月二十九日に記す

文恵おばあちゃんへ　　博司じいちゃんより

九月二十九日（木）直子と一緒にグループホームで面会、いつものようにガラス越しながら、血色良く、元気な様子で嬉しかったです。直子もおばあちゃんの肌がきれいだと喜んでいました。東京の美穂さんから送っていただいた新しい秋服も良かったね。

ちょうど午後3時のおやつの時間帯で、おやつ途中の面会となりごめんね。マスクしていてもおばあちゃんが微笑んでいる様子が表情全体で分かるし、会話はできなくても、（心配いらないよ）〝大丈夫〟とか〝また来てね〟と言ってくれてありがとう。

じいちゃんの手紙はいつもスタッフの方から読んで聞かせていただいているのですね。ありがたいですね。この手紙も読んでいただけるかな。

お世話していただいている皆さんからは、日頃おばあちゃんはいつも〝ありがとう〟とか時には〝きれいね〟とか言ってくれると聞いていましたが、これからも〝ありがとう〟を忘れずにね。

おじいちゃんは10年前のくび（頸髄）の大けがで身体が不自由になってしまい、一生懸命リハビリに励んできましたが、おばあちゃんはおじいちゃんが7か月の入院後、家に帰り、それから毎日のようにリハビリ施設に通っている間も外に出ずに、帰りを待ってくれていた。おじいちゃんのことが気になり気分転換で外に出ることも少なくなって、ストレスが溜まっていった。珍しくおじいちゃんが家に居るときはいつも〝外に行こう〟〝食べに出よう〟などと言われた。直子も多忙の合間に買い物や食事などに連れて行ってくれたが、もともと外出好きで宝塚ホテルのフィットネスクラブなどで水泳などもよくやっていたおばあちゃんが、家に居ることが急に増え、それも長期にわたり、どれほどつらかったことか。心身の健康をどれほど損《そこ》ねたことかと今も心から申し訳なく思っております。

しかし、今、おばあちゃんはグループホームの皆さんのお世話のおかげで、何の心配もなく、すっかり落ち着いた、アットホームな雰囲気でおだやかに過ごすことができ、おじいちゃんはもちろん家族みんな喜んでおります。

おじいちゃんは、近くのマンションで一人住まいですが、おばあちゃんから言われている〝気を付けてね〟という言葉をいつもいつも思い出しながら、安全第一に過ごしておりますから安心してね。

九月はおじいちゃんの誕生月。満88歳になりました。そして、もうすぐの十一月にはおばあちゃんとの結婚64周年記念日を迎えます。これからもおばあちゃんと励まし合いながら、お互い、元気にがんばろうね。

ご飯をたくさん食べてね。おやつの時には、家でいっしょによくいただいたアロエ・ヨーグルトを食べてね。今度行くときも忘れないようにします。待っててね。

『60数年ぶりのラブレター』その7

文恵おばあちゃんへ　博司じいちゃんより　二〇二二年十月十三日に記す

もう十月中旬になりましたが、この2～3日はちょっと寒いくらい。しかし、おばあちゃんのところは部屋の温度も調節していただけるし、ありがたいですね。おじいちゃんの居るマンションももちろんエアコンがついているので暖房もできますが、今は長袖のシャツにセーターを着たり、寝るときは布団と毛布を重ねたりして対策していますから大丈夫です。

今日の朝方、おばあちゃんの夢を見たよ。ごてんやまに住んでいた時、おばあちゃんが時々「私には七福神がついているんだよ」と言っていたね。もうだいぶ前、会社の同僚・Mさんの奥さんが、「月に一回は心身の充電《じゅうでん》のため、熊野古道から那智山のほうにお詣《まい》りに行く。お詣りすると不思議な力をもらえるんです」とおっしゃっていたね。その奥さんから、「文恵さんには七福神（福をもたらせてくれる神様）がついているよ」と言って励ましていただいたんですね。

昔々から、天皇様が京都の御所から熊野古道（私たちの故郷・田辺市近辺からスタートする）を通って那智の方面へお詣りに行かれた、ということを歴史で学びましたね。古代の天皇様も天・地・人が接する深山《しんざん》に行かれて、心を休め、天のエネルギーをいただいていた。僕も「そういうところには七福神さんも宿っておられて我々人間を救い守ってくださる」と思うようになっていたよ。Mさんの奥さんは、私達二人の子供（直子と伸）が成長し、結婚、孫の誕生に向けて一生懸命のおばあちゃんの姿をみて、那智詣《もうで》を勧めていただいたんだ、と想います。

おかげさまで、私たち家族は子供（直子と伸）二人に、今年現在、孫6人、ひ孫6人に恵まれ、これは確かに先祖のお守りと七福神さんのおかげです。おばあちゃん、ありがとう。

おばあちゃんは今グループホームにいて、心穏やかに不安なく過ごさせていただいているので、皆さんからも、グループホームでの写真を見て、「顔色も良く、いいお顔をされている」とおっしゃっていただいています。おじいちゃんは、「おばあちゃんにはやっぱり七福神さんがついていて見守ってくださっているんだ」と天に向かって手を合わせて感謝しております。おばあちゃんは昔から、朝起きるとき、夜寝るときに、ベッドで手を合わせてお祈りしているいると言っていたね。

これからもそうしようね。

今朝、おばあちゃんの夢を見て、七福神さんのことを思い出し、この手紙を書きました。また、スタッフの方に読んでもらってくださいね。ご飯をたくさん食べて元気でいてね。また、会いに行きます。待っててね。

『60数年ぶりのラブレター』 その8

文恵おばあちゃんへ　　　　博司じいちゃんより　　　二〇二二年十月二十六日朝記す

今日は石川先生に往診に来ていただく日ですね。僕と直子も面会に寄せてもらいます。十月二十日に面会に行った時、スタッフの方から、おばあちゃんは甘いもの以外の食事はあまり食欲がないみたい、と聞きましたが、おばあちゃんは昔からご飯もよく食べ、料理も得意で、おかげで僕も健康で元気に頑張ってこれました。子どもたちもみな丈夫に育ちました。ありがとう。

おばあちゃんは今も食べる力はありますから、ご飯もおかずもたくさんいただくようにしてくださいね。

直子の子供たち（私たちの孫）たかとし、たかや、こうすけの3人は、おばあちゃん得意のコロッケなどごちそうになったという話やおばあちゃんとの楽しく、面白いエピソードをいっぱい書いてくれています。それをまとめてまた持っていきますから楽しみにしてまっていてね。

十月二十日に直子と一緒に面会に行った時に撮《と》った写真を添付します。良い写真ですね。血色もいいのでみんな喜んでくれています。この写真とこの間の僕が書いた〝おばあちゃんに七福神さんがついてくれている〟という手紙を、おばあちゃんをよく知ってくれているリハビリの先生にみてもらいました。

僕が、「この手紙をグループホームの方に読んで聞かせていただくと、文恵はうなずきながら喜んでいたようで、面会に行った時、心なしか、私の気持ちが通じたかのような目つき

でじっと私をみつめていました」とお伝えしましたら、その方から、

「奥様には、ご家族の愛情は絶対に伝わっていると思います。

また、お手紙の内容もよくお分かりなのでしょう。

いろんな荒波を乗り越えて来られた同志ですものね。

エピソードもたくさんおありでしょうね。

ご家族だから分かること、佐武さんだから分かることをお手紙として、書かれて、読んでいただいてお互いに懐かしむことも心が潤って、すごくいいことだと思います。まさにこれもラブレターですね。

Y」


このように、これまでお世話になってきた皆さんが今も応援してくださっています。これからもがんばりましょうね。

『60数年ぶりのラブレター』 その9

結婚64周年記念を祝して

文恵おばあちゃんへ　　　　博司じいちゃんより　二〇二二年十一月四日に記す

今年も早や十一月になり、朝晩はちょっと肌寒くなってきましたね。

十一月三日はおばあちゃんとじいちゃんの結婚64年記念日。十一月三日といえば、それ以前からもずーと天気の好い日が続いており、今年の十一月三日も素晴らしい秋晴れでした。

おばあちゃんはいつも〝わたくしには七福神さんが付いてくれている〟と言っていたね。その七福神さんが私たちの結婚を祝ってくれて、いつも晴天に恵まれているのですね。

おばあちゃんが産んでくれた二人・直子と伸、その子供たち（＝孫）6人、孫の子供たち（＝ひ孫）6人、みんな元気だよ。七福神さんのお守りのおかげです。ありがとうございます。

おじいちゃんは今マンションで一人なので、いつもおばあちゃんのほうに向かって、朝起きた時、おはよう、夜寝る時、おやすみ、リハビリなど外に出かける時には、行ってくるね、家に帰った時、ただいま、と声をかけています。そして、家に居て何かしているときは、おばあちゃんに言われている〝気を付けてね〟という言葉をいつも思い出しながら、事故のないように気を付けておりますから安心してね。

十一月になって、直子と面会に行ったのは十一月二日でした。その時にスタッフの方に撮っていただいた写真をお送りします。

おばあちゃん、ちゃんと眼を見開いて写っているし、季節の変わり目でちょっと体調を崩していたようですが、またご飯もよく食べられるようになったと聞いて喜んでいます。ご飯もおかずもがんばってたくさん食べてね。また欲しいもの言ってね。

また会いに行きます。待っててね。

『60数年ぶりのラブレター』　その10

文恵おばあちゃんへ　　　博司じいちゃんより　　二〇二二年十一月十三日に記す

十一月三日が私たちの結婚64周年記念日でした。記念日をお祝いして、おばあちゃんにおじいちゃんから、「七福神様のお守りのおかげで晴天にも恵まれ、家族みんなも元気に過ごさせていただいている」ことを感謝してお手紙をしたためました。スタッフの方に読んでいただいたことと思います。

この手紙をこれまでお世話になった方々にもメールでお届けしましたところ、

イ．おばあちゃんのいとこ（母方）の竹ちゃんから、「しみじみと佐武さんの文ちゃんをおもう気持ちが伝わってきます。文ちゃんもしあわせだなあ、とおもいます」と返信をいただきました。

ロ．ぼくのめい（妹・節子の長女）のじゅんちゃんから「ラブレター読ませていただくと涙が出てきます。自身も大変なお身体の中、思いやる心があふれていて、素敵なことだと思います」との言葉を寄せられました。

ハ・いつも月に1回、家に来てくれていたケアマネジャーからは、「お写真とお手紙拝見しました。文恵様、穏やかなお顔されていますね。毎年、結婚記念日には、お食事などに行かれてお写真撮っておられましたね。今年もこうしてお二人そろったお写真ができたこと私も嬉しく思います〟と。また、〝文恵さんがいつも素晴らしい笑顔で、面白おかしく話をされていて、博司さんから何か一言あると、『わたし、じじいよりイケメンのほうがいい！』などと冗談交じりに返され、3人で笑い合いましたね」との懐古談もありました。

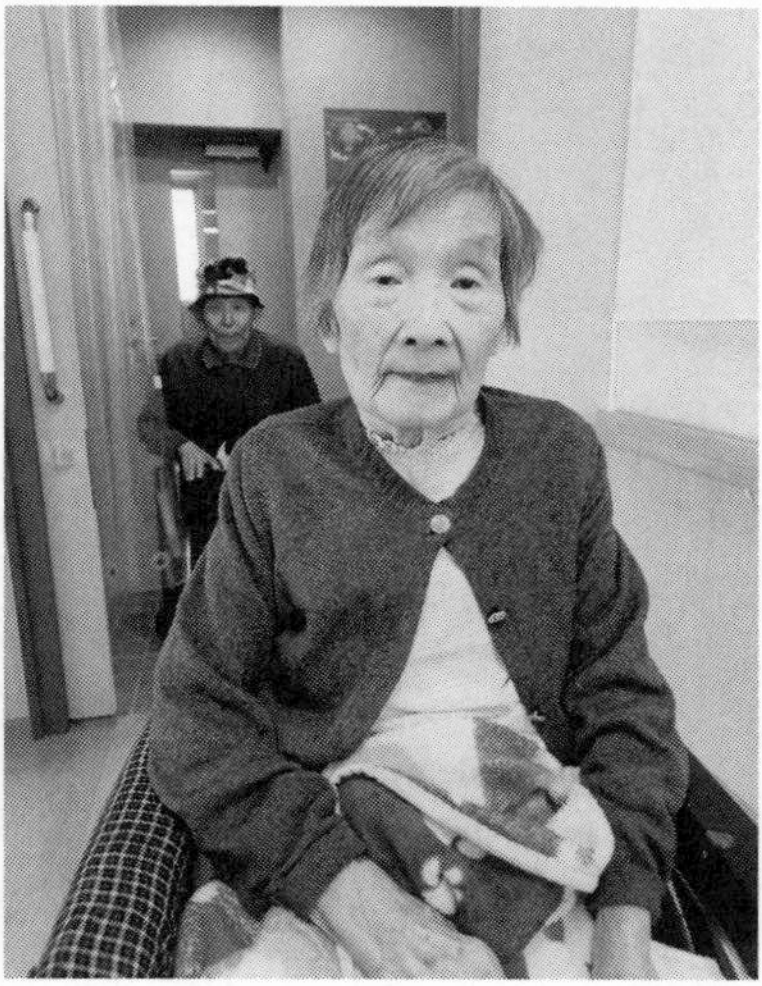

（注：このようなおばあちゃんの愉快なエピソードは別に孫たちも綴ってくれていますのでまた書きます。楽しみにしていて

ね)
また、孫のたかや(サッカーボーイ)より、「おばあちゃん、日に日に元気になってる気がする! 嬉しいよ。寒くなってきたから気を付けてね」とのメッセージも来ました。
家族はもちろん、お世話になってきた皆さん、スタッフのかたがた含め、みんながおばあちゃんがご飯をたくさん食べて、元気でいてくれていることを喜んでくれています。ありがとう。

また行くからね。待っててね。

『60数年ぶりのラブレター』 その11

文恵おばあちゃんへ　　博司じいちゃんより　　二〇二二年十二月一日に記す

今年も師走《しわす》、十二月になりましたね。おばあちゃんがグループホームのお世話になったのは今年二月一日から。もう10か月が経ちました。

おじいちゃんはマンションで一人住まいだから、もちろんさみしいですが、でもおばあちゃんとは近いところだし、いつでも会えますからね。おばあちゃんから「気を付けてね」と言われているのをいつもいつも思い出しながらがんばっております。

今、3冊目の本を書いています。今年は十一月三日でおばあちゃんとの結婚64周年記念の年なので、3冊目の本はこの記念号にしたいと思っています。

小さい頃からおばあちゃんに大変お世話になったと言って、孫たちからもおばあちゃんとの楽しい思い出話、面白おかしいエピソードなどもいっぱい書いてくれてるよ。楽しみにしててね。

おばあちゃんに安心と元気を持ってもらえるようにと、おじいちゃんからおばあちゃんに『60数年ぶりのラブレター』を何通も書いているので、これも本の中でご紹介しようかと思っています。ちょっと恥ずかしいかな。

本を書きたくなったのは、二人が今年二月から離れ離れになり、これからの人生をどう生きていくか、という思いからです。おじいちゃんにとって、一人住まいの生活（第四の人生）をどう充実させていくか、という課題があり、グループホームでアットホームに穏やかに過ごしているおばあちゃんには（第二の人生ですね）これからもグループホームで安心して元気に過ごしてもらえるように支えていく。そういう思いと覚悟を3冊目の本に綴ってみたいと思っています。

もうすぐ、おばあちゃんが昔から好きなクリスマスが来ますね。ジングルベルの歌を覚えていますか。皆さんと一緒に歌をうたって楽しく過ごしてくださいね。

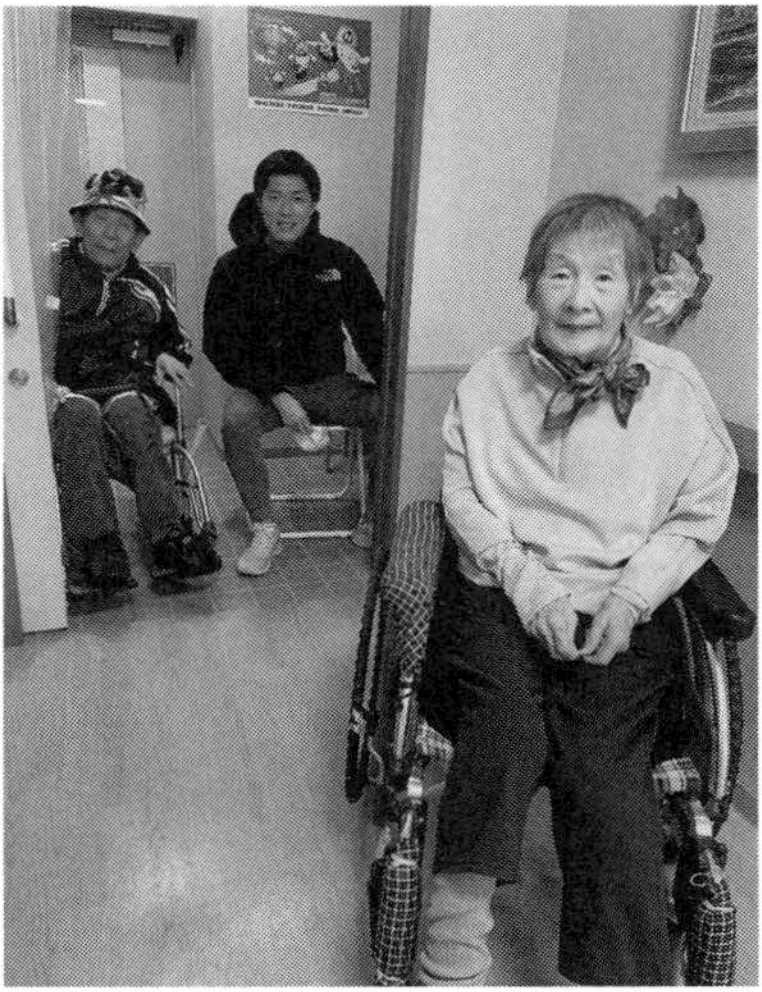

おじいちゃんとおばあちゃんは離れ離れでもすぐ近くだし、いつでも会えるので、嬉しいね。これからもがんばろうね。

ご飯をたくさん食べて元気でいてね。また会いに行きます。

この十二月一日信に対し、お世話になっている施設の方から、左記ご連絡をいただきました。

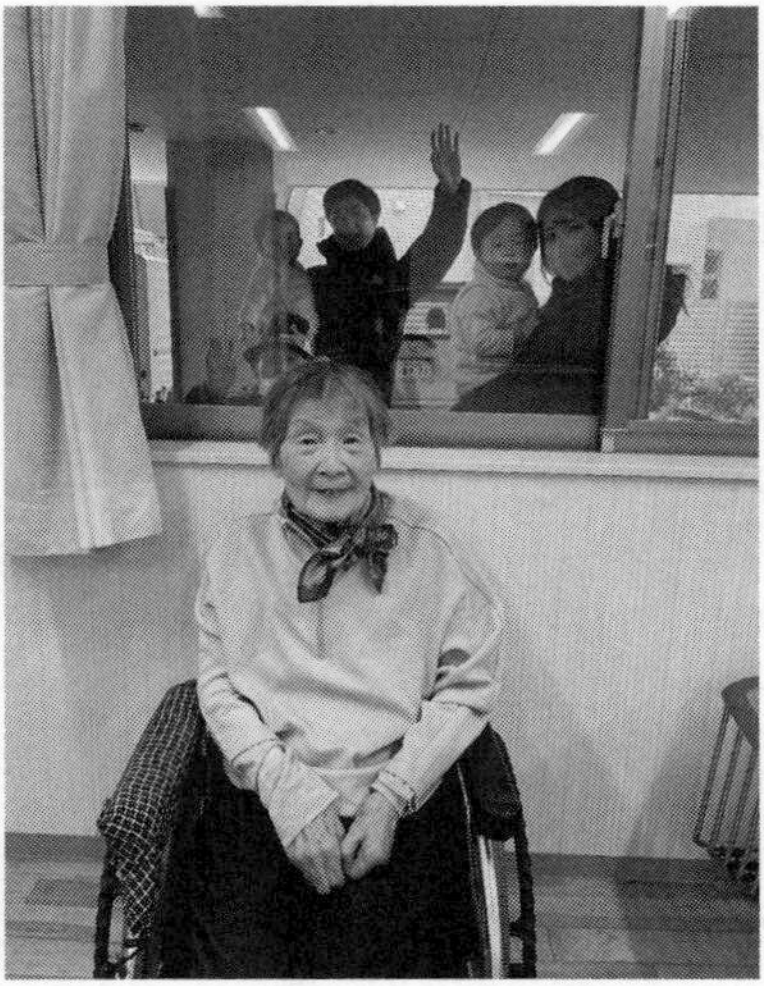

「文恵様に手紙を読ませていただくとうなずきながら笑顔で聞かれていました。

※博司様の手紙やボイスレコーダの声（注：〃ご飯をたくさん食べて元気でいてね〃などの私の生の声を吹き込んでいます）を聞かれると元気が出るようで発語も増え活気が見られます。

楽しみにされている様子です」

この施設の管理者様からは、二月入居すぐに届けた手紙に関し、本書の「おわりに」の項でご紹介していますが、「お年を召されてもいつまでも夫婦が精神的に繋がっている、支え合っている様を見ているとすごく幸せな気持ちになります」とのご感想をいただいております。

面会では、ガラス越しの出会いとなるので、お互いに表情を確かめ合う程度のことになるのですが、長年連れ添ってきただけに認知症になっても、以心伝心と言いますか、眼と眼を合わすだけでも心が通じ合う、感じ合うもの、まさに、「目は口程に物を言う」という格言に通じるかと存じます。

離れ離れになっても、施設の方を煩わして恐縮ながら手紙を読んで聞かせてやっていただけるので、安心と元気を届けることができ、まことに嬉しく、ありがたいことです。

私の第四の人生を充実して生き抜いていくうえでの励みにもなっております。ちなみに、長年リハビリをサポートいただいた関係者や仲間にも十二月一日信を近況報告を兼ねて送ると、〝ほっこりする〟とか〝心が温まる〟などなど数々の反響をいただきます。

一例ですが、ウェブサイト仲間の方からは、

「長年連れ添われたご夫婦で、愛と、目に見えない絆が感じられます。というより、男と女ではなく、長年ともに人生を、苦楽をともに歩まれたからこその、おことばのように感じら

れます。私なら、身体の老いを言い訳にして佐武様のようには、行動できません。尊敬します。ありがとうございました」との感想をいただきました。

64年もの間、付れ添った妻に対する気持ち、認知症になってしまった愛おしい妻への思いを核に、離れ離れながらも、お互いに「安心と元気」を確認しながらこれからも生き抜いていく覚悟を綴り、本の形になればと願っております。

『60数年ぶりのラブレター』は、私の本音・思いを素直に、あからさまにしており恥ずかしいのですが、二人を知る関係者・仲間の皆さん一様に共感していただいているようで、一般の皆様にも読んでもらっては、とおすすめいただきました。

果たして皆様の心に響く手紙になっているでしょうか。

『60数年ぶりのラブレター』その12

文恵おばあちゃんへ　　博司じいちゃんより　　二〇二二年十二月八日に記す

今日・十二月八日は太平洋戦争が始まった日。おじいちゃんはやんちゃな小学校一年生

（当時は国民学校と言っていた）でした。その頃のことを今も覚えています。おばあちゃんは幼稚園・年長組だったのかな。

外はだいぶ寒くなってきましたね。冬だからやむをえませんが、風邪をひかないように気をつけましょうね。おばあちゃんは、もともと体が丈夫だし、インフルエンザの予防注射もコロナワクチン注射も打っていただいているので安心しています。

グループホームのスタッフの方から、最近はご飯もたくさん食べてすっかりお元気ですと、おっしゃっていただいています。いつもおじいちゃんの手紙をスタッフの方がおばあちゃんに読んでくださっているのですね。笑顔でうなずきながらよく聴いてくれているとか。

昔のことを想いだすのかな、ご機嫌でスタッフの方に話しかけたりもするのですね。いつもありがとうございます、とお礼を言うのを忘れないようにしようね。

おばあちゃんは昔から笑顔がすばらしいと言われていた。おかげさまで、グループホームで安心して穏やかに過ごせるし、笑顔で元気。本当にありがたいですね。おばあちゃんがいつも「私に七福神さんがついてくれている」と言っていたように、七福神さんや先祖のお守りのおかげもありますね。

おばあちゃんがご飯をたくさん食べて元気でいてくれるので、おじいちゃんも安心して、風邪もひかず元気です。今、おばあちゃんとのこれまでのことなどを本に書いて、皆さんにも読んでいただければと思って、ちょっと忙しくしています。

また会いにきます。

いつものようにおばあちゃんの好きなヨーグルトやお菓子ももっていきます。

待っててね。

後記：持参した手紙を、今回初めてスタッフの方に私が見ているガラス越しで妻に読んで聞かせていただきました。これまでご報告いただいている通りでした。妻はじーっと耳を傾け、文面を目で追い、うなずきつつ、微笑みながら時にスタッフの方に発語したり（ガラス越しでもあり私には聞こえず）、時には私のほうにちょっと目をやってくれていました（七福神のあたりの箇所だったのかも）。聞き分けができているようで本当に嬉しく安心いたしました。これもスタッフの皆様の温かいケアのおかげです。ありがとうございます。
制限時間となり、ちょうどおやつタイムとなりましたので、皆さんが集まっているほうに向かっていきました。

認知症は終わりじゃないとの記事

十二月十日たまたま新聞の広告欄に、「80歳の壁」（和田秀樹著、幻冬舎新書、2022）に〝認知症は終わりじゃない。生きる知恵と力は残っている〟と記述されていることを知りました。前記のような妻の現況ですので、「生きる知恵と力は残っている」ことを強く確信でき、勇気づけられた次第です。

妻と離れ離れながら、グループホームにお預かりいただいてひとまず安心できるようになった一方で、私自身、新しい生き方を模索中（第一部　第四章参照）。これからもポジティブに元気に、日々を充実して過ごしてまいります。

『60数年ぶりのラブレター』　その13

文恵おばあちゃんへ　　　博司じいちゃんより　２０２３年2月11日に記す

今週はおばあちゃんのところへ会いに行けなくてごめんね。直子と税務署へ確定申告の相談に行ったり、いろいろ忙しかった。

それでもスタッフの方には何回かお電話して、〝文恵の今日の様子はいかがでしょうか〟とお訊きすると、そのたびに〝すこぶるお元気でご飯もたくさん食べておられます〟と教えてくれて安心していました。

二月十日だったか、いつものように電話するとスタッフの方《かた》が〝今日のお昼の食事の時間近くなったので文恵さんに、「ご飯ですよ」と伝えると、元気な声で「ハーイ」とこたえてくれた〟とのこと。

そして最近、〝文恵さんの方からも色々言葉をかけてくれますし、以前よりどんどん明るく元気になってきました〟と言って喜んでくれています。

おばあちゃん、昨年二月からグループホームでお世話になって以来、スタッフの方・皆さんが本当によくしてくれるので誠にありがたいですね。

おじいちゃんが時々書く『60数年ぶりのラブレター』（これは、おじいちゃんの3冊目の本のタイトルにも入っているよ！）もおばあちゃんに安心と元気を届けることにつながっているのかな。

おばあちゃんが元気になってくれれば、おじいちゃんも元気になります。二人がそろって元気になりますので、家族みんな喜んでくれています。ありがとう。

おばあちゃんが孫たちにいつも言っていたように、おはようございます、おやすみなさい、ありがとうございます、というご挨拶をきちんと行うとお互いに気持ちがいいですよね。

おばあちゃんは孫たちに、〝ありがとう〟と言う言葉は何回使ってもいいんだよ、とよく言っていたね。おたがい、そのことを忘れないようにしようね。

外はまだ寒いですが、梅の花も咲いて、春はもうすぐです。おじいちゃんは昔から、まだ寒くとも早春《そうしゅん》の今頃が好きです。

コロナが早く去っていけば、おばあちゃんと散歩や一緒に食べに行くこともできるね。楽しみにしましょう！

それまで、ご飯をたくさん食べて元気でいてね。また会いに行きます。

博司じいちゃんより

おわりに

妻と離れ離れながらも、ここ10年にわたるリハビリ人生（第三の人生）に加え、新住居のマンション仲間との交流と新しい挑戦により新しい『第四の人生』が開けつつあることを喜んでおります。

いわゆる〝終活〟の一環でエンディングノートの作成などの課題も残っていますが、私なりには不自由な身体と相談しつつ、妻が言った〝気を付けてね〟を事ごとに思い出しながら、一日一日を安全に、かつ妻との面会を楽しみにしつつ、第四の人生を充実して過ごしてまいります。

お世話になってきた方々から今回の本出版へのメッセージをいただきました。

2019 年 7 月
息子の長男の結婚式に出席　宿泊先のホテルにて

古巣のニューヨーク駐在仲間・Tさんから3冊目の本出版に寄せてのメッセージ

一生の中に3冊目の御出版おめでとうございます。

第一の人生、第二の人生、第三の人生、そして第四の人生、最愛の奥様とご一緒に素敵な笑顔で写ったお写真を本に飾られると記念になりますね。

特に二〇一九年七月2冊目の本を出版された直後、息子さんの長男結婚式出席のため、東京までお二人でお出かけになり、同期の旧友たちとも楽しみ、多くの方々に元気を届けたその折のお二人の写真も素晴らしいです。出版されるたびに本を通じ全国

の読者にどんなにか勇気と希望を与え続けて来られたか、本当にあっぱれ、エールをお送りいたします。（T）

長年にわたりお世話になってきた、リハビリ施設のYさんからのメッセージ

二〇一二年二月初め重度頸髄損傷事故による、救急病院・リハビリテーション病院への7か月間の入院生活を経て同年八月末に退院。九月初めより、通所リハビリ施設Sデイケアでも10年にわたりお世話になってきた方です。

佐武さんのご活躍のかげには、いつも妻・文恵さんの支えといいますか、存在があるのだなあとこれまでの著書やリハ病院から退院されて来られたばかりの時からも感じておりました。

グループホームに入られた妻・文恵さん宛に綴られた『60数年ぶりのラブレター』はそれぞれ誠にほっこりする内容で、奥様へのねぎらいの言葉と愛情が伝わってまいります。

奥さんも、穏やかに過ごされているようで何よりに存じます。

面会とお手紙とおとどけものなど……奥様も温かい気持ちになっておられることと思います。

佐武さんが奥様をサポートされ、もちろん娘様はじめ家族挙げてのことですが、よいご家族だなあと……。自分も家族を大事にしようと思います。（Y）

妻の認知力低下が少しずつ進行していた段階で、家に一人残しているわけにいかず、妻も一緒に同施設に通うことになったものの、施設の風呂には入ろうとせず職員の皆様にご面倒をおかけしたり、家に帰ろうと言って私を困らせたりしたこともありましたが、妻に関する職員の方々の印象としては、

・ご夫婦でご利用時、佐武さんの襟元を優しくなおしてあげておられたのがすごく印象的でした。

・文恵さんに対する佐武さんの声掛けがすごく優しいなと思いました。

・文恵さんの服装など身のこなしがおしゃれな方だなという印象。

等々のコメントをいただきました（注：おしゃれ心は今もずーっと持ち続けるようグループホームの職員さんも気をつかってくださっています）。

もう10年にわたるリハビリサポートに加え、二人が離れ離れの住まいになっている今も、

絶えず二人を応援していただいてることに対して、ありがたく、感謝の念に堪えません。

末筆になりますが、グループホームの管理者様から賜りました『60数年ぶりのラブレター』に対するコメントをご紹介させていただきます。


佐武様、お世話になっております。

手記を拝読いたしました（注：二月入居してすぐの2回分の手記へのご感想です）。

とても文恵様の事を想い、素敵な文章でまとまりがありあっという間に読み終えてしまいました。

タイトルも、読み手に読みたいと思わせるような素敵なタイトルだと感じました。

ラブレターを読んでもらっている文恵さんの表情を見ていただきたいです。

お年を召されてもいつまでも夫婦が精神的に繋がっている、支え合っている様を見ているとすごく幸せな気持ちになります。

最後の博司様の3件のチャレンジ（本書64ページ）についても陰ながら応援させていただ

きます。

今後ともよろしくお願いいたします。

妻もこのような皆様とのありがたいご縁に恵まれ、温かいケアと見守りをいただき、本当に幸せ者です。

以上、第四の人生のスタートに当たり、これまでの反省と未来に向けての覚悟を綴りたく筆をとりました。

私は相田みつをの詞のどれもが好きです。この本を終えるにあたって、同氏の「**一生勉強一生青春**」を第四の人生の応援歌として掲げます。

本書の刊行に至るまで、多くの皆様からお励ましとご支援を賜りまして、厚く御礼申し上げます。

今後ともご支援のほど、宜しくお願いいたします。

佐武博司

N兄の霊前に献ぐ

二〇二二年九月妻の長兄（91歳）旅立ちの悲報が急遽届き、義姉に取り急ぎ左記をしためて捧げた。

今年二月から妻・ふみがグループホームに入り、私はマンションで「おひとり様」の状態となり、二人は離れ離れ。しかし、おかげさまで二人とも元気です。

二人は同じ宝塚市内のそんなに遠くないところにいて訪ねるにも便利。コロナ禍のもとでガラス越しながら面会してお互いの元気を確かめ合うことができるし、時々に『60数年ぶりのラブレター』をしたため、届けて、スタッフの方に読んで聞かせていただいたりしております。

離れ離れになっている状態ながら、これからも二人とも元気に天寿を全うすることを願い、私なりのこれからの生き方も模索中です。

その中で、『60数年ぶりのラブレター』は、長年の連れ合いを励まし、安心させる！　夫婦愛、家族愛を共感、共鳴させるとし、3冊目の本にしてはと強く勧められました。

64年間連れ添う中で、ふみがいつも「N兄ちゃんは私が4歳の時に父が亡くなって以来、父親代わりになって育ててくれた」と申していたことを感謝を込めてこの本の中でも記しました。

九月十六日にふみをグループホームに訪ね、面会した時の写真を同封いたします。

ご覧の通り、元気にしておりますのでご安心ください。

N兄のご冥福をふみとともに心からお祈りしております。

二〇二二年九月　　佐武博司

追伸：
妻にはまだ訃報を伝えられない状態ながら、妻の気持ちを代弁し左記のように加筆しました。
「お兄ちゃん、長い間ありがとう。
おかげさまで元気にしていますので安心してね。ふみ」

彼の世のN兄に朗報です！

二〇二二年十一月、結婚64周年記念を迎えた文恵とは、二〇二二年二月にグループホームに入って以来、離れ離れになっていますが、おかげさまで、文恵は食事もどんどん進み、ますます元気で機嫌よく、自分から話もするようになっている由。

グループホームの担当の方から、二〇二三年四月二十九日づけメールで、

「本日も起床時にたくさんお話をして下さいました。とても表情が明るくお元気にされています」とお便りとともに、ひな祭りの際に撮っていただいた写真を送っていただきました。

まだ手放しで喜ぶわけにはまいりませんが、「認知症は終わりじゃない。生きる知恵と力は残っている」（本文124ページ）という専門家の言葉が文恵にも当てはまり、少しずつ自分をとりもどしつつあるのではないかと、より一層明るい希望が持てて嬉しいニュースです。

これも多くの皆様の温かい支えとN兄や先祖のお守りのおかげと感謝いたしております。

私は二〇一二年二月以来の身体が不自由な身、文恵は認知症という二人の境遇ではありますが、その中にも生きる喜びと幸せを見出すことができる。このことをこの本を通じて同じような境遇の皆様にも知っていただけることは、ありがたいことと受け止めております。

N兄、このような文恵の状況になっておりますので、どうぞご休心くださいますよう。
ご冥福をお祈りいたしております。

ひろし・ふみ

【巻末付録】前著『チャレンジド魂／重度頸髄損傷・両手足まひからの奇跡の生還』より
～第三の人生のリハビリ模様を読み取っていただければ幸いです～

はじめに

二〇〇七年に拙著『いつまでも現役人生を走り続けるために』（以下「原著」と略す）を上梓した際に、各方面から多くの讃辞をいただきました（インターネットで「佐武博司」を検索、ご参照）。

私のかつてのマラソン仲間からは、「原著に描かれている、海外雄飛を目指して商社に入り二度の海外駐在を体験、健康づくりとマラソンへの挑戦、62歳での人材紹介会社起業など底流にあるものはチャレンジ精神だ」と喝破されました。

発刊後10年余の歳月を経て最近、原著に書かれている内容は実体験に基づく説得力を持ち、今も市場価値があるとして、例えば、電子出版を検討しては、とのお話をいただきました。

友人に相談したところ、

「そういうことであるなら、頸髄損傷事故後の再起、復活への体験記もぜひ追加してはいかが。原著以上に意味があると思います」とのことでした。

リハビリ体験記については、かねて、「傷病や老いと闘っておられる同じような境遇にある人々や周囲の方々、リハビリをサポートされている関係者の皆さんなどにも励みと力になる」として、本に残し世に問うてはとのおすすめをいただきました。

私の61歳までの会社生活を第一の人生とすると、62歳で人材紹介事業をスタートして15年は第二の人生。77歳喜寿を迎えた二〇一二年二月、思わぬ自宅転倒事故による緊急入院以降のリハビリ生活は第三の人生と位置付けられます。

機能回復を目指したリハビリは、多くの方々がそうであるように私にとっても試練でしたが、それまでの人生と同様、「ストイック」と言われるほどに愚直に取り組んでまいりました。

今振り返ってみますと、原著に記した各種体験、マラソンで培われた忍耐力・持久力、友人が指摘するように、「チャレンジ精神」がリハビリにも生かされているのかもしれません。

なお、題名の「チャレンジド魂」は耳慣れない言葉かと存じます。本文、序章第5節をご参照ください。

以下、7年有余のリハビリ体験を通じて折々に抱いた思いと願いを、事故以来、私を励まし続けてくださった多くの方々への近況報告を兼ねた手記なども随所にご紹介しながら綴らせていただきます。

第5節　チャレンジド（CHALLENGED）

二〇一二年二月転倒事故で頸髄損傷、両手足まひのどん底状態が続いている二〇一二年十一月以来6年、その当時から現場でお世話いただいた通所デイケア・S施設の介護職3人の女性から連名で次の手記が寄せられた。

記

チャレンジド魂に寄せて

氏の若い頃からの鍛錬（マラソンなど）、また、グローバルに活躍されてこられた思考能力等を鑑《かんが》みれば、氏だからこそ、ここまでの回復をみせたのだと思います。

私たち介護の現場ではいろいろな方がご利用されています。氏もその中のお一人です。私たちは、その方の状態を共有し、接し方・関わり方を周知してチームケアを行っています。

氏も最初のうちは、現状を受け止め、受け入れるのに時間がかかったようでした。それを見守り、介助・傾聴していく中で氏の前向きな考え方を知ることとなりました。当初は車いすでの生活を余儀なくされ、トイレはもちろん、入浴は機械浴、それも二人介助です。身体には甲羅のようなコルセット!! どんなに悔しいと思われたことでしょう……。

しかし、氏は積極的にリハビリに取り組みました。それはそれは努力しておられました。そして少しずつ筋力もついてくると、コミュニケーションはとれていましたので職員も一緒に喜んだものです。

すると氏はリハビリの成果の過程を記録し、グループ他職種の連携のおかげだということで感謝の念をしたため、関わるすべての部署にメールを配信してくださいました。

そして、あとは前進あるのみでした。まさにRUN（ラン）です。見ていても頼もしいくらいリハビリに励んでおられました。

途中からは同じ境遇の方の見本になるような捉え方をしているようにも見受けられました。

特に印象に残っているのは、二〇一五年七月車いすからロボット・アシスト・ウォーカーを使用することになった時です。猛烈なリハビリをしながらも冷静に周りを観察されていて、他の利用者さんにあと一歩でアシスト・ウォーカーが使えるのではないかと職員に提案してくれたことです。常に一歩前を見据え、今何をすればいいのかを考え行動されています。「課題を一つずつ克服していけば結果が出る」との思いで努力せずにはいられないという感じでした。

私たち職員もそんな氏を拝見しながら現場で役立ったこともあり、今も大いに刺激を受けています。

まだまだ道半ばと謙遜しながらもリハビリ体験をまとめた本づくりをされようとしているのも『生涯現役』を貫かんとする氏の志の表れではないでしょうか。拙文ながら言葉を添えさせていただきました。

二〇一八年十一月　S施設介護職（O・J・O）

チャレンジする可能性を持つ人

この手記の題名に「チャレンジド魂」とあるのは、以前したためた「チャレンジド」および「チャレンジド―その2―」なる手記を同施設の皆さんにも読んでいただいているので、それを引用されたものです。

一般に言われるチャレンジ精神・魂をいうのではなく、障がい者を欧米では、ハンディを背負っている、というネガティブに捉えるのではない、「障がいを克服すべくチャレンジする可能性を持っている人」として前向きに「チャレンジド」と呼ぶ。

これに共鳴して私が手記をしたためたので、これに賛同され引用していただいたものと存じます。

人はよく、(あの人は何かを)持っている、という言い方をします。

人さまざまで、みな持ち味が違いますが、それぞれの持ち味・可能性を生かすべく挑戦していく。
「持っている」というのは、人それぞれの持ち味・可能性を認め、受け入れ、評価する、という事なのではないでしょうか。

第10節　私を駆り立てる原動力は？

リハビリの先生や施設の介護に当たっていただく皆様などから、高齢になっての重症の身で、普通ならリハビリもあきらめ、寝たきりになってしまいかねないところ、かくも前向きにリハビリに取り組み、奇跡的ともいえる回復を遂げている原動力は何なのだろう、と問われることがあります。

自分からこうとお答えするようなことでもありませんので、ある時届いた友達の言葉を引用させていただきます。

30代の初めごろからのニューヨーク駐在仲間で、当時から私を良く知っており、私が両手足まひのどん底状態にあった段階から絶えず応援していただいてきた方です。

「・施設あるいはご自宅で長い間リハビリされたものの、ご自身の特徴の一つは常に積極的人生を貫き、明るく朗らかに取り組んでこられたこと。

・そして外の空気を取り入れ、常にリフレッシュされた人生を見事に展開されたこと。

この二つが人生を大きく変えた原動力ではないかと、ふと思うことがあります。

それはお見舞いに訪れた人たち（ご家族・親戚、知人・友人の方々）、その他に友人・知人、先輩、後輩、会社の同僚、学校の同僚、起業とか異業種交流、あるいはウェブサイトを通じてできた多くの知己の方々の応援。特に後期高齢者にもかかわらず、珍しくPC操作による通信に積極的に取り組み、これらから得た外の空気、それにより啓発され更なる強い意志の醸成等につながってきた。

一般の傷病者の領域を乗り越え、常に世の中のアップ・ツー・デートの情報に触れ、ご自身を日々磨き上げてこられた不思議な力の持ち主と思います（さらに付け加えると、人とのコミュニケーションが上手なこと、そして目標設定の仕方、努力の継続、周囲への感謝、また関係者とお互いに喜び、そこに笑いが生まれ、周りを明るくするお人柄からは、人生いかに生きるかについてたくさんのヒントを学ぶことができました）。

先に紹介されたご家族の証言やリハビリ関係者の証言などが物語っていることに加え、これらの外の空気や栄養を取り入れたことなどで元気、チャレンジする力が生み出されてきたことが察せられます。

要は、商社勤務時代に築いた人脈と人間社会のつながり、絆層の厚さ深さなども元気の源なのかもしれません。

決して一人ではなかった、長い苦闘のトンネルは、これだけの厚い人脈に恵まれ常に応援団に囲まれて、ついに長いトンネルを通過して、明かりを見ることができたのだと思います」

佐武の流儀

この友達（在東京）とは、ほとんど電子メールでのやり取りとなっていますが、彼からは、「若い青年ビジネスマンと交信しているような錯覚を覚えるほどのスピード感あるご返信ありがとうございます。――嬉しい悲鳴です」

と言われるほどに、「リハビリは仕事」と割り切り、応援いただく知人・友人などとのコミュニケーションにあたっても、若いころからの信条である〝QUICK ACTION、QUICK RESPONSE〟は今も心がけております。信頼・つながり・絆の要諦かと思います。

私が本書で訴えたいこと

「リハビリ体験とその思い・願い」とはリハビリを通じての「人生の出会いと絆」であり、出会いとご縁の有難さ、感謝であります。皆様からの「ご支援・感謝、更なる応援・発奮」の連鎖によって前向きの力・勇気をいただきました。また、リハビリ途中の身で能力と時間的制約にもかかわらず、何らかのお役に立てばとこの本づくりにも挑戦する後押しもいただきました。

古巣の別の友人からは次のような激励の言葉をいただきました——。

「『老いになじむとは、衰えない精神と、衰え行く肉体とをどのように馴染ませていくか』と誰かが言っていましたが、いつまでも強い意志の力を持って前向きに今日一日を大切にリハビリにがんばっておられるお姿を知り、誠に心強いものを感じました。

これからも大いにがんばって生きることを、エンジョイしてください」

このような私を「逆境を逆手に取る、人生最後の大舞台」などと評される方もおられますが、何としても再起・社会復帰を果たし、皆様のご支援に報いたく願っております。

半歩・半歩の遅々とした歩みながら、これまでの歩みをこの後の数章で綴ってまいります。

最終章

77歳の喜寿を迎えた年、二〇一二年（平成二十四年）二月、思いもかけぬ重度頸髄損傷による両手足まひという重大事故に遭って以来、今もリハビリとの闘いが続いております。

一方、健康な状態から突然、障がいを持つようになった方には、現状を受け入れられず落ち込み、自暴自棄になるような方もおられると聞きます。

私の場合も「なんで自分がこのようなことに？」という自責と悔しい思いがいっぱいでした。既述の中でも、入院中のリハビリ時の失禁など恥ずかしい思い、とか悪夢のような入院生活のことにも触れました。

ただ私は、「後悔先に立たず」で、起きたことは仕方ない、反省はあるけれど、後悔しても仕方ないとして、前を向いて行こうと自分に言い聞かせるようにしてきました。

7カ月間の入院中にお見舞いに来ていただいた方々も、弱音・泣き言・愚痴の類の話はほとんど聞かれず、逆に「必ず再起するんだ」という強い気持ちが私からにじみ出ていたので安堵されたようでした。


同じ境遇にある皆様へのエールを送ります。

障がいや病気、老いと闘っている仲間の皆様、

「人生100年時代」です。いや、もうすぐ「人生120年時代」にもなるかもしれません。

あなたも、私もだれでもが元気に好きなこと、やりたい仕事ができる期待・可能性を持てる時代へ。まだまだこれからです。お互い声を掛け合い、励まし合い、希望を持って進んで行きましょう。

第2節　リハビリを通しての感想

日々を楽しく、充実して過ごす。

先の見えない、何もかもが挑戦の（しんどいと言えばしんどい）道程でしたが、セラピストの先生方は、私の持っている可能性を引き出しながら、マシーンによる筋トレなど自分でできることは自主トレに任せ、歩行練習など困難なことはサポートする方向に導いていただきました。

私自身も、例えば、筋トレ一つにもその意味を考え、鍛えるべき部位を意識しながら動かすことでより効果が上がる、歩行練習の際も左右の親指の指先を意識しながら踏み出すと体のブレを少なくできる等々、（すぐ忘れやすいことながら）一つ一つ自分なりに工夫しながら取り組んでいくことに興味とやりがい、充実感もありました。

佐武の流儀

7年以上お世話になっているS施設のベテラン介護士さん（女性）から、かつて私に「日ごろ心しておられることは何でしょうか」と問われ、「一期一会」「日々是新」「一日作さざれば一日食らわず」（禅語。今日やるべきことをやってこそ充実感が得られる、との意と私なりに解釈）と答えたことがあります。

両手足マヒの重度頸髄損傷がこれほど怖いもの、かくもリハビリに時間のかかるものとはつゆ知らず、試行錯誤、もがきながらも、再起・社会復帰を果たすべく、加齢に抗しながら愚直に一途に立ち向かってまいりました。第5章第2節の佐武注（115ページ）にも記しましたが、マラソンで培われた「耐力」（体力というより忍耐力）のおかげか、連日のデイケア・デイサービス施設通いも一日一日気持ちを新たに、やるべきことはやりこなす、という覚悟で取り組んできました。その間にも人さまとの出会いを大切に、感謝の気持ちを込めて過ごす、と自分に言い聞かせつつ鼓舞してまいり、結果「リハビリ生活を楽しく充実して過ごす」ことにつながったかと存じます。

「感謝・激励・奮起」の連鎖

これまで賜りましたセラピストの先生方の適切なご指導とサポート、リハビリ・介護関係者の皆様の温かいお心遣いとご支援に深く感謝申し上げます。また、身近で支えてくれる家族、親族には申すに及ばず、いつも笑顔で優しく声をかけていただくご近所にお住いの皆様に何とお礼を申し上げてよいか！　本当にありがとうございます。

それに加えて大きな支えになってきたのは、多くの古くからの友人・仲間・知人の存在です。日ごろの応援に感謝し、折々に近況報告として電子メールを差し上げるのですが、いつもご丁重な激励のレスポンスをいただきます。こちらがそれに勇気づけられ奮起してさらにリハビリに励み元気ぶりをとどけると、先方からは「こちらこそ元気をもらっている」とか「多くの仲間を勇気づけているよ」などと返信をくださります。それにまたこちらが奮起させられています。

まさに「感謝・激励・奮起」の連鎖です。おかげさまで77歳からの第三の人生となった、このリハビリ人生は心豊かでしあわせそのもの、この事故がなければあり得なかったことと言っても過言ではありません。まことにありがとうございます。

これからも挑戦が続きます。引き続き皆様のご支援をよろしくお願い申し上げます。

人生の出会いと絆

リハビリ生活を通じ、「人生の出会いと絆」のありがたさをつくづく感得してきました。前述のように、

・セラピストの先生方、施設のスタッフのご支援と励まし
・リハビリ仲間との出会いと交流
・古くからの知人・友人・仲間との新たな交流・ご縁の深まり
・家族・親族の応援・支え、先祖の目に見えない力の働きも
・ご近所の皆さんのお声がけ

など、このようなご縁・絆をいただいて来たからこそ、おかげさまで今ここにこうして元気にリハビリに頑張ってこられました。重ね重ね厚くお礼を申し上げます。

ここで妻・文恵のことに触れさせていただきます。二〇一八年十一月三日は結婚60周年(なんでもこれをダイアモンド婚と呼ぶとか)。

子供2人。長女は私の住まいから車で数分のところに住み、長男は東京在住。それぞれ男

児3人、計6人の孫がおります。

私がこの事故に遭って、入院中の7カ月間は、妻は一人で家を守ってくれました。私が退院し自宅に戻ってからは、朝9時ごろから夕方5時ごろまで、連日リハビリに出かけるので、その間は自由時間を持つことができるはずながら、やはりリハビリ中の私のことが気がかりでフィットネスクラブもやめて家にいることが多かったようです。たまに同クラブで知り合った水泳仲間とランチを共にしたり、長女と買物を一緒にしたりぐらいで、やはり私の事故のために妻に与えた代償・負担は否めず、まことに申し訳ないところです。

二〇一七年一月より週に一度、リハビリクラブ半日コースに妻と二人で送迎車で通っています。口腔体操の一コマに、「胸いっぱい息を吸い込み、息を止め、次にオオーと声を出しながら息を吐きだす」動作があります。その間スタッフの方が1、2、3と秒数を数えるのですが、私が20カウントぐらいでやんでしまうのに対し、妻は40以上60ぐらいまで続くこともあります。これにはほかの皆さんも拍手喝采されるのですが、これはたぶん、水泳の息継ぎが上手にできる妻とうまくできない私の差ではないかと。

二〇一八年六月より要介護5から1になっていることもあり、リハビリ通いも今現在は、週に2日は全休、週3日は半休とし、妻と二人の外出・歩行運動を大切にしながら、日々を過ごしている次第です。

第3節　リハビリもまた楽し

リハビリは人生、人生はリハビリ

前著の第6章　わが人生もうひとつの楽しみ「マラソン」（本著付録参照）の中に、『人生はマラソン、マラソンは人生』という項目があります。

メタボ解消・健康づくりのために、38歳から始めた早朝ランニング・マラソン体験が、77歳の時に起きた思わぬ転倒事故とそれ以来の7年有余にわたるリハビリ生活（第三の人生）に力と勇気を与えてくれたことはこれまで随所に触れてまいりました。

再起・社会復帰を目指す私にとって、リハビリは息の長い根気の要る「仕事」です。仕事ですから、目標を設定し、計画を立て、計画達成のため日々継続努力を積み重ねていかねばなりません。

『PDSA』のサイクルを回す

仕事・ビジネスと同じくリハビリにおいても、PDSA：PLAN－DO－SEE－ACTIONのサイクルを回す作業を行っていることは序章第2節（32ページ）の（佐武注）の項でも触れました。また、施設の関係者と3カ月ごとに現状のレビューとこれからのケアについての打ち合わせを行う「リハビリテーション会議」の例について第5章第1節（109ページ）でご紹介いたしました。

ただ、私の場合、意欲先行で自主トレの範囲が広く、時間もかけるので、ケアプランとか訓練実施計画書に書かれている内容より実践のほうが先に進むようになりがちです。

もちろんセラピストの先生方や施設のスタッフと報告・連絡・相談しながらの取り組みです。

私の流儀

私がリハビリで心がけていることは最終章第2節（154ページ）に記しましたが、「筋トレ一つにもその意味を考え、鍛えるべき部位を意識しながら動かすこと」。そのほうがただ漫然と動かすより格段に効果が上がるとされるのですが、つい忘れがちになるので意識的努力が不可欠なのです（一例ですが、歩行練習にあたっても右左一歩一歩、親指を意識しながら踏み出すと体のブレを抑え歩行が安定します）。

このように自分なりに工夫を加えながら取り組んでいくと動かなかった部位も少しずつ働くようになってきました。各部位の機能とか筋肉・神経と脳との関係（注）などについての理解も進み、自分の体の問題点・課題への認識も深まり、リハビリに対する前向きの興味と意欲が高まってまいりました。

（注：動かないこの部位を動かすのだとの自分の意思が働くと脳が残存の神経回路を通じて周辺の各部位に指令して「代償動作」により筋肉を動かす、と自分なりに納得しています）

序章第10節の『本庶先生の6C』は、私のリハビリへの刺激と示唆にもなり、ありがたく受け止めました。

リハビリのやりがい、達成感・喜び

リハビリと格闘しながら、自分の体、自分自身と向き合うことで少しずつ課題を克服していく喜びも持てるようになってきました。

序章第5節の3人の介護職員さん（O・J・Oさん）が回想証言で述べておられる、「『課題を一つずつ克服していけば結果が出る』という思いで努力せずにはいられないという感じでした」とは、このようなことを指しておられるのかもしれません。

リハビリは私にとって、不自由な体の課題を一つ一つ克服していく闘いではありますが、一方で随所に述べております通り、「楽しく充実して過ごす場」でもあります。

キーワードとなっている「克」（困難にめげずに立ち向かい〔自分に〕打ち克つ。第5章第2節〔112ページ〕）は日々の課題をやりきり充実感を味わう喜びの表現でもあります。

その意味で、マラソンがそうであったように『リハビリは人生、人生はリハビリ』を感得し楽しみながらこれからもリハビリ人生を歩んでまいります。

著者紹介

佐武　博司（さたけ　ひろし）

1934年、和歌山県田辺市生まれ。大阪市立大学（現・大阪公立大学）卒。57年ニチメン（株）（現・双日（株））東京に入社。65〜71年米国ニチメンニューヨーク、79〜81年ナイジェリア・ラゴスに海外駐在を経験。90年に子会社に転職し、取締役・株式上場準備事務局として4年後株式上場を果たす。96年定年退職後、株式公開体験を活かし、人材紹介会社・（株）サブスリー・コンサルティングを立ち上げる。2012年、頸髄損傷事故により休業、リハビリ中。
著書：『いつまでも現役人生を走り続けるために』(2007)、『チャレンジド魂　重度頸髄損傷・両手足まひからの奇跡の生還』(2019)、いずれも幻冬舎ルネッサンス刊。

チャレンジド人生《じんせい》
〜認知症《にんちしょう》の妻《つま》に綴《つづ》る、60数年《すうねん》ぶりのラブレター〜

2023年８月18日　第１刷発行

著　者　　佐武博司
発行人　　久保田貴幸

発行元　　株式会社 幻冬舎メディアコンサルティング
〒151-0051　東京都渋谷区千駄ヶ谷4-9-7
電話　03-5411-6440（編集）

発売元　　株式会社 幻冬舎
〒151-0051　東京都渋谷区千駄ヶ谷4-9-7
電話　03-5411-6222（営業）

印刷・製本　　中央精版印刷株式会社
装　丁　　くらたさくら

ISBN 978-4-344-94512-8　C0095
幻冬舎メディアコンサルティングHP
https://www.gentosha-mc.com/

癒す人の教科書

本郷綜海

はじめに

「誰でも人を癒《いや》す人になれる」
「誰でも癒しのエネルギーの使い手になれる」

そう言われてもピンとこない方も多いかもしれません。それでも、「誰かのお役に立ちたい」という思いを持っていたり、「ヒーリングってなんだろう？」と興味を持っていたりするかもしれません。

この本はそんなあなたが、読み進めていくうちに自分もまた癒す人であった、そしてエネルギーを使うことができるのだ、ということに目覚め、実際のヒーリングができるようになっていく本です。


少し私のことを話させてください。

自分で言うのもなんですが、私はかつて音楽やファッション、芸能の交差するとても華やかな世界で活躍していた時期があります。年商数億の会社を経営し、昼はテレビやラジオ局、ファッションショー、夜はライブ招待や会食、流行のクラブでの社交、と刺激的な毎日を過ごしていました。

業界ではオシャレなアイコンとしてもてはやされ、お付き合いするボーイフレンドもちょっとした有名人だったりしたのです。

「綜海さんみたいになりたい！」
当時の私はよく言われたものです。

しかしながらその反面、自分が本当には幸せでないことにも気づいていました。毎日の美食とハードな飲酒で身体はボロボロでしたし、そんな日々をどこかで虚《むな》しくも感じていて、恋愛中毒で夢中になる相手がいないと不安でした。

そんな私でしたが１９９４年、ソウルメイトとの出会いで意識の目覚めが起きたことをきっかけに人生を１８０度変えることになります。

社交に使っていた時間を内省や瞑想に使うようになり、それまでは買い物やバケーションのために訪れていた欧米や南米、アジアなどを自分の癒しやスピリチュアルな真理を求め、ヒーラーやシャーマンを訪ねるようになりました。

それから今度は自分がヒーラーになるために、ＮＡＳＡに勤務していた物理学者で哲学博士、当時は全米で一番有名なヒーラーが校長のフロリダ州認可のエネルギーワークの４年制の単科大学を卒業し、その後も様々な心理療法、ボディワーク、セラピー、表現アートセラピーなどについての勉強に取り組み、禅修行をし、心と身体、魂の統合とエネルギーの世界を探求して27年が経《た》ちました。

その間に開業し、本当にたくさんの方々の癒しのお手伝いをさせていただきました。それから教師としてスピリチュアルなヒーラーやコーチを育成しながら気づいたことは、この力は誰にでもあり、誰でも癒す人、エネルギーを使うヒーラーになれる、ということでした。

そしてその技術の向こうにある意識とあり方を知ることは、あなたがあなた自身を癒し、本当に望むことを知り、この世の中に生まれて来たことの意味、魂の目的、人生の使命につながっていくことだということです。

それはあなたが本来の才能と創造の力を発揮できる道を歩むことを、手伝ってくれることでしょう。そして人生をさらに豊かなものにしてくれることでしょう。

さあ、癒す人になる準備はできましたか？　準備はできていなくてもいいですよ。疑いがあってもかまわないのです。好奇心と、知りたい、経験してみたい、そんな気持ちがあればいいのです。

始めてみましょう。

目次

第1章　ヒーラーとは何か？

第2章

自分を癒すと能力が開く

第3章 あなたにも使える癒しの技術

第4章

プロフェッショナル・ヒーラーになりたいあなたのために

第5章

癒す人も癒される人もないこの世界で

第1章

ヒーラーとは何か？

誰もが「癒しの力」を持っている

この本を手に取られたあなたは、すでに「ヒーラー」の入り口にいます。なぜならヒーラーというのは、誰にでもなれる可能性があり、そのなり方は「技術」として学ぶことができるからです。

ヒーラーというのは何か特殊な能力がある人たちだけのものであり、自分には関係ないことだと思っていらっしゃるかもしれませんが、私はそうは思いません。なぜなら「はじめに」で申し上げましたように、私自身がもともとなんの能力もなかったところから、ヒーラーズ・ヒーラー（ヒーラーを癒す人）と言われるようになり、友人や生徒さんたちなどが、ゼロから能力を身につけ、プロフェッショナル・ヒーラーとして活躍したり、マッサージや整体、ビジネスなど他のスキルと統合して社会の中で表現していくのを見てきたからです。

それは学び、訓練を受け、練習し、身につけることができるものなのです。

人は誰でも「癒しの力」を持っています。もちろんあなたの中にもあるものです。気づかないうちにその力を日々の暮らしの中で使っている方もいれば、そうでない人たちもいます。それでも潜在的には誰でも持っている力なのです。

怪我をした自分の身体に手を当てるとき、悲しんでいる人の背中をさするとき、痛がっている子どものお腹に手を当てるとき、知らず知らずのうちにあなたはあなたの中にある癒しの力を使っています。

この本はそういった誰もが持っているヒーリングの能力を、読むことで目覚めさせ、実生活で使えるようになることをお手伝いします。

癒す人三つの種類

ヒーラーとは日本語で言うと「癒す人」です。人を指すときに「癒し系」なんて言ったりしますすね。そういった雰囲気から呼ばれる人の他に、実際に人を癒すことを仕事にしている人たちもいます。

私は癒す人、というときに、三種類の方々がいらっしゃると思っています。

一つ目は、犬や、猫、赤ちゃんのように、ただそこにいるだけで人が癒されるような存在です。その人がいるだけで場が温かく感じられたり、ホッとしたり、その人の目を見ただけで、なんだか魂の奥深くに触れられた感じがしたりして、自然に癒されたと感じるような人たちです。

人はもともと生まれながらにしてそのような存在です。幼い子どもたちがそうであるように。彼らの姿を見ただけで心が開き、癒される気持ちになる方々も少なくないのではないでしょうか？　「天国に入りたいのなら幼子のようにならなければなりません」。イエス・キリストが言ったとされる言葉です。私たちはみな一度大人になった後に成熟を深めながらもイエス・キリストの言う幼子のような存在へと戻っていく過程にあると私は思います。

いわゆる癒し系と呼ばれる人たちは生まれながらの特質からくる雰囲気だと思われるかもしれませんが、それだけではありません。必ずしもそういった雰囲気を持っていなくても、ともに時間を過ごすことで自分の深い部分へとつながっていく感覚になることを手伝ってくれるようなタイプの人もいます。

それはその人がどれくらい自分と世界の存在の深み、本質につながっているか、ということに関連しています。これについては、第2章でもっとお話ししていきますね。

二つ目に医師、看護師、整体師、心理セラピスト、エステティシャン、など人の心や身体の癒しに関わっている仕事をしている人たちです。

このような方々は、ご本人に自覚がある、ないにかかわらず、「人の癒しにご奉仕する」と心に決めて使命感を持って生まれた魂です。だからといってこうした人たちがみな、人が癒されるような関わりをできているとは限りません。それが今の職業教育の重要な部分として扱われていないからです。

そのような仕事に就くための本来のマインドのあり方や、心がけ、ちょっとしたコツといった、実際に職業として、人と関わるための知識やスキルを教育されていないのです。また、あまりにたくさんの患者さんをお相手せねばならぬために、丁寧に接する心の余裕がなかったりすることもあるでしょう。

そうして人の癒しに関われるせっかくの機会を、逆に患者さんが不安になったり、傷ついたりする機会にしてしまう方々もいらっしゃいます。それは魂の使命を果たそうとこのような職業を選んだみなさまにとって、本意ではないことでしょう。

第4章ではプロフェッショナルなヒーラーとして活躍なさりたい方のために、心構えやクライアントとの関わり方をお伝えします。右記のようなお仕事の方々がヒーラーシップに目覚め、スキルを参考にしていただければこんなに幸せなことはありません。

三つ目は、私たちのような「プロヒーラー」と呼ばれる「エネルギーワーカー」たちです。

この場合のヒーラーとはもちろん人の癒しを手伝う人でもありますが、そのために実際に人の生体エネルギー、人のエネルギーの身体（エネルギーフィールド＝オーラ　後述34ページ）に働きかけることのできる人たちのことです。

ヒーラーは先に書いた一つ目の存在の状態、二つ目の関わり方の知識と技術、の他に、あなたの身体の内側から外側に向かって多次元にまたがって存在する、通常は目に見えないエネルギーの身体レベルでの不調和を整えます。

それはある側面ではエネルギーの身体レベルの整体のようなものでもありますが、同時にあなたの非常に深い霊的な部分を目覚めさせ、呼び起こすスピリチュアルなものです。

エネルギーレベルの不調和

エネルギーレベルの不調和は、あなたの心や身体にすでに現れていないとしても、やがてそれはあなたの心や身体、人生の様々な領域に現れます。

ではこの不調和はいったいどこから来るのでしょう。

不調和の大元はあなたの過去の記憶から来ています。

この記憶というのは、覚えているものだけに留まらず、生まれる前、母親のお腹にいるときから今日までのいわゆる現世のものから、過去生まで多岐にわたっています。また、ご先祖さまの経験も潜在意識レベルで記憶されています。

実際に過去生があるかどうか、ご先祖さまの経験が今に影響を与えているのかどうか、証明はできません。が、少なくとも今の時代には多くの人たちが、今回の生以外の記憶を思い出していますし、その影響が癒されることで、実人生が良くなる、という体験もしていらっしゃいます。またご先祖さまを思い出し、感謝したり、供養したりすることで人生が好転した話も聞いてきました。

この記憶というのは脳に貯蔵されているとされていますが、肉体にも、エネルギーの身体にも記されており、私たちヒーラーはそこにエネルギーを使って、浄化、修復、調整などをして働きかけていきます。

浄霊なんていう言葉もありますが、それも一種の記憶という情報の浄化です。なぜなら外から入ってきたとされている霊は、傷ついたり、満たされなかったりした古い記憶、想念の塊とも言え、あなたの内側にある記憶と共鳴することによってそこに現れるからです。

エネルギーレベルでの不調和の元の二番目は、記憶の情報によって引き起こされる思考や感情からです。例えば他人や自分を責めたり、悲しみに沈んだり、嫉妬や恨みつらみ、などいわゆるネガティブな思考や感情によってあなたのオーラ（後述34ページ）は負の影響を受けてしまいます。

ですから、もしもあなたの中に否定的な思考や感情が現れたときに、それに気づき、変容することに取り組めば、それはあなたの心だけでなくあなたのエネルギーの身体にも影響を与えるのです。

誰もが知らず知らずにエネルギーの力を使っている

実は私たちは毎日、毎日、知らず知らずのうちに見えないエネルギーの力を使っています。

どういうことでしょう？

あなたが何かに意識を向けるとき、意図して何かをするとき、実は意識エネルギーが流れているのです。

例えばあなたが通りすがりに幼稚園児が揃って歩くのを見かけたとき、「なんて可愛い」と思って愛情の目を向けたとき、あなたから子どもたちに向かって、「愛」のエネルギーが流れていきます。

反対に電車の中で、ヘッドフォンから大きな音漏れをしている人や、あなたを後ろから押してくる人に対して、鋭い目つきで「じろっ」と見ることはありませんか?
そんなときあなたは、無意識の意図とともに癒しとは反対の「攻撃」のエネルギーを相手に向けているのです。

それらは普通は見えないとされているだけで、エネルギーを見たり、他の方法で知覚したりできる人たちには、リアリティーとして感知されます。敏感な人なら、その「じろっ」という眼差しを向けられただけで、実際に身体の痛みとして感じるかもしれませんし、子どもたちに向けられたような温かな眼差しを自分に向けられたときには、それを感じて涙するような繊細な方々もいらっしゃることでしょう。

このように私たちは無意識(無自覚)のうちに意識エネルギーを日々の暮しの中で使っているのです。

エネルギーは意図する方向に流れる

ヒーラーというのは、この意識エネルギーを癒しのために意図的に使うことのできる人たちのことで、あなたも練習次第、訓練次第でできるようになりますし、そのエッセンスを人との間に癒しをもたらし、日常を豊かに暮らすために使うこともできます。

エネルギーというものは、自分が注意を向けたほうに流れます。つまり、あなたが注意を向けたほう、向けた物、あなたの意図した方向に意識エネルギーは流れていく、ということです。

では、エネルギーワークとはいったいどういうものなのでしょうか？

もしも私が「左腕を上げてください」と言えば、みなさんはすぐに左腕を上げられますね。あなたはどうして左腕を上げることができたのでしょうか？
はい。そうです。あなたはこのとき、まず「左の腕を上げること」を意図しました。あまりに当たり前で、意図をした、ということを忘れているかもしれませんが、腕は不随意に動いたわけではなく、あなたの意図が左腕に伝わったことでそれが起きたんですね。「よし、これから左腕を上げるぞ！　がんばろう！」と「意志」の力を使って気合いを入れなくても腕が自然に動くのは、あなたに障害があったり、怪我をしていたりしなければ、脳が出した信号を神経を通って伝えることで身体がすぐに動くからです。意図と身体の間に回路ができているからです。

実はそれと同じように、エネルギーも意図することであなたの意図する方向へと動きます。

しかしながらこれは、長年あなたが使ってきた身体のように、自由に使いこなすことができません。まだそこに身体にできているような回路ができていないからです。それでもあなたもすでに回路が開いている人の伝授を受けて練習をすれば、エネルギーを止めたり、意図した方向に実際流したり、様々な周波数を行き来したり、一定の周波数に留まり続けたり、周波数を変えたり、ということができるようになります。

また、別次元の存在とコンタクトし、その周波数に合わせたエネルギーを他人に送ることもできるのです。

このようなエネルギーを意図的に操作できて、他の人の癒しや変容を助ける人をエネルギーワーカー（エネルギーの仕事をする人）と言い、古くからヒーラーと呼ばれています。それは解明されていない霊的な領域にも及び、単に自分がエネルギーを動かしているだけでなく、身体を持たない高次のエネルギーの存在たちに助けられながら仕事をします。

私たちはエネルギーの海の中に住んでいる

それではエネルギーってなんでしょう？　存在するものはすべてエネルギーであり、その現れだとしましょう。この場合の存在するものとは、目に見えるものや物質とされているものだけでなく、目に見えないものや非物質も含みます。どんなものもすべて、存在するもの、目に見えないが存在しているもの、非存在とされているもの、とにかくすべてがエネルギーです。

たとえてみれば、私たちは広大なエネルギーの海の中に住んでいますが、それぞれが異なる周波数で振動しているがゆえに、異なるものと認知されています。周波数というのはシンプルに言えば「波」であり、海の中で常に様々な波が起きているようなものなのです。

私たちは無限に続くエネルギーの海の中にいて、水を構成するものだったりその中で生きるものだったり、石や、藻や、砂だったり、プランクトンだったり、魚や海藻や沈没船や流れてくるプラスティックゴミのようなもので、個別に存在しながらも一つの海に包まれているのです。

エネルギーは低いから悪い、高いから良い、というほど単純ではありません。すでに物体として存在しているものは周波数（波動）が低いので、人間の身体も周波数は低い、ということになります。波動が高い「天使」は素晴らしいけど、波動が低い「石」に対して「お前は、何もできない石なんだ！」とバカにするのはおかしいですよね。そこにあるのは違いだけです。

しかし一般的に言うところの波動が高い、低い、は、ある人の持つ考えや心の状態が、本質に沿っているかどうかという基準で語られています。愛や感謝の気持ちは波動が高く、恨みや不満は波動が低い、というように。また物質や空間の場合には、その物質や空間がどの程度、美、秩序、愛、平和、など高次の意識の現れになっているかによって語られています。

波動を感じてみる

物にも人にも場所にもみな、そのもの固有の振動数＝波動があります。私たちはその微細な波動の違いを高い低いといった単純な分け方だけでなく、無意識のうちにも知っています。

無意識にと言ったのは、ただそれを認知し言語化する習慣がないだけで、多くの人が知らず知らずに物や場所、人の波動の違いを実は感じ取っているからです。

例えば、たくさんの人が行き来する大都会の通勤時の駅の構内と、神社や教会などが違った波動で存在することはなんとなくでも想像しやすいのではないでしょうか？　いかがですか？

それから今度は白いバラを想像してみてください。次に赤いバラを想像してみます。どうですか？　白いバラがあなたにくれる感覚、赤いバラがあなたにくれる感覚が違うことを感じられますか？

この二つは異なる波動を持っていますが、あなたは知らず知らずに視覚情報以外からもその違いを受け取っているのではないでしょうか？　二つの違った色の花はあなたに違った感覚を覚えさせているのではないでしょうか？

今度は同じ白い花でもバラではない花を想像してみましょう。例えばすずらんを想像するときにあなたが得る感覚と、バラを想像するときの感覚の違いに気づいてみてください。かすみ草はどうでしょう？　白百合は？

もう気づかれたでしょうか？　そうなんです。波動というのは、あなたの身体の感覚で感じ取れるものなのです。あなたは異なる物や場所の異なる波動を身体で感じ取ることができるのです。「わからない」と思った方、ご心配なく、大丈夫ですよ。最初はわからなくてもこの本を読み進め、各章の終わりにあるエクササイズを実践し、繰り返し練習することで、あなたの感覚はどんどん開き、異なる波動を感じ取ることができるようになることでしょう。

このように見えないものを読み取る力、感覚を、世界的ベストセラーである『光の手』（河出書房新社）の著者でＮＡＳＡ（米国航空宇宙局）に勤務していたこともある、物理学者で哲学博士のバーバラ・アン・ブレナン博士は超感覚知覚と呼びました。

これは視覚（見る）、聴覚（聞く）、触覚（身体で触れた感覚）、味覚（舌で味わう感覚）、嗅覚（匂い）という五感を超えた感覚のことを指します。

この五感は誰もが当たり前にわかりやすく使っていますが、超感覚のほうは誰もが無意識のうちには感じ取っているのにもかかわらず、ほとんどの人はそれを自覚できていません。そこに意識を向けたことがないからです。しかしこれは開発できる能力なのです。

これについても、第２章で詳しく説明していきますね。

オーラって何？

私たちは一般的に、身体の表面（皮膚）までが自分だと思っていますが、実はあなたの意識は身体の外側まであります。身体の内側から外側までにわたってあなたの意識の場があり、それがエネルギーフィールドであり、オーラ、と呼ばれているものです。

当たり前のことですが私たちは一人一人それぞれ別の肉体を持っていますね。私たちはみなこの肉体に呼応して、エネルギーの場、エネルギーの身体＝オーラ、というものを持っているということです。

オーラはいくつもの違った層で見ることができ、「オーラ透視をする」という占い師的な人たちが言うような、赤や青、黄色など一色でできていて、一生同じ色や形で固定したものであなたの性格傾向を表すもの、と言えるほど単純なものではありません。

人間のオーラの無数にあるエネルギーの層のうちの一つとして、そのように見える層がないとは言えないのですが、それはオーラを見ている人の考え方の比喩が色として解釈して見えているのだと私は解釈しています。

オーラは一番わかりやすい層では肉体や物質を取り巻く光のように見え、比較的簡単に見えるようになります。また他の層では私たちの意図や感情、考えに呼応して常に色や形を変えながら私たちとともに動いているものです。

例えば私たちが喜べばオーラは明るい色になり、怒ったらまるで炎が燃え上がるかのように赤黒く見え、鬱々としていれば濁っていて元気のない状態になります。オーラは多次元にわたって存在しており、別の形、周波数、例えば色、などで存在します。それは実際に目で見ることができない人でも、なんとなく感知しています。あなたはあなたの身体の外にまであなたの意識体、オーラが広がっているのをすでに知っています。実際身体に触れられていなくても、誰か知らない人があなたのエネルギーの場の中に入ってくると、なんとなく居心地が悪くなったり、逆に安心したりすることでもわかることでしょう。

あなたのエネルギーの場、エネルギーフィールド＝オーラには、便宜上、ここまでがあなた、あなたのオーラという境界線があります。それをパーソナルスペースとして体感する方もいることでしょう。おもしろいことにあなたの肉体と呼応していることがほとんどです。例えば、足が弱い人は足のオーラも弱々しく密度が低かったり、と。

そのフィールド、オーラは身体を超えさらにさらに拡張して大きく広がっても存在しています。

あなたが瞑想をしたり、ヒーラーとして意識を広げることを学ぶと、あなたの

エネルギーフィールドも広がります。それは自分が何者か、という認識もまた超越していくことへとつながります。このエネルギーは身体の内側と外側という自分、という意識から始まり、家族、友人関係、コミュニティー、住む地域、地球、宇宙までどんどんと広げていくことができます。あなたも練習さえすれば、あなたの意識を宇宙まで広げ、宇宙との一体感を感じることも可能なのです。

どんな人にもオーラはある

よく人はカリスマ性のある人、個性の強い人、目立つ人などのことを「あの人にはオーラがある」などと言いますよね。オーラは何か特別な人だけが持っているものだと思っているかもしれません。私の言うところのオーラは、誰にでもあるものです。

それは人間だけでなく動物や植物、昆虫、また石や家具、建物など物にもあるのです。

それは人や物そのものの元々持つエネルギーを表しているだけでなく、そのときのその人や物の状態を示します。例えばとても高い波動を持つと言われているダイヤモンドでも、物理的に汚したり、恨みや執着といった人の低い想念がついたりすればそれはオーラにも表れ、曇った状態となります。

それでは、オーラは鍛えられるのでしょうか？　大きくしたり、輝かせたり、密度を濃くしたりすることはできるのでしょうか？

はい。それは可能です。自分の意識を調整することで広げたり、縮めたりもできますし、身体を動かしたり、ポジティブな感情を味わうことでも変わります。

人のオーラというのは、よく使っている部分が大きくなります。これも肉体と一緒ですね。つまり意識を向ければ向けるほど、その部分の密度が濃くなったり、大きくなったりするのですね。身体とも呼応している場合がほとんどです。だからと言ってオーラが大きい状態が常に良い、というわけではありません。

例えば現代人は何かと頭をよく使って考えているので、頭の上や周りにエネルギーが多く集まっている人が多いです。しかしその人が空想家だったりして地に足がついていないと、意識エネルギーはたとえ大きくても、散漫になって薄く散らばっている状態になってしまいます。

その散らばっていたり、上のほうに優位だったり、内側で凍りついていたりする生体エネルギーを、自由に流れるのを助ける方法が、私の言うところのグラウンディング（後述97ページ）です。

グラウンディングすることであなたのオーラはよりバランスがとれ、エネルギーの流れが良くなり、輝きを増していきます。オーラというとついつい瞑想や、マインドの力だけで変化できるものと思う方も多いのですが、第2章でまたご紹介しますが、身体を使ったエクササイズはとても有効です。

さて、先ほど幼稚園児を見たとき、または電車で好ましくない反応をしてしまう人に出会ったときなどを例に、私たちは無意識のうちにも意図してエネルギーの力を使っている、とお伝えしましたよね。これからヒーラーになっていくあなたにとって、このエネルギーフィールド＝オーラの自己調整をどのくらい意識的にできるかということが、どれくらい有効なヒーリングを提供できるか、ということに大きく関わってきます。

自己調整というのは、例えばあなたがじっとしていなければならない場面で、それなりに身体を動かさずにじっとしていられたり、動こうと思うときに動ける、というように身体をコントロールできる能力に近い、と言ったらわかりやすいでしょうか？

それはあなたが身体を意図して使うことができているように、あなたも練習次第であなたのエネルギーのフィールドをコントロールできるようになる、ということです。それは見えない存在とともに働くために、高い周波数を維持することも含まれます。

オーラは、先ほども言いましたように、自分のエネルギーフィールドのことです。

このフィールドにはいくつもの異なる層があります。あなたの周りを守る卵形のようなオーラが存在する次元もありますし、常にカラフルに動いているオーラの次元もあります。また、私たちはいつも、考えや無意識の意図や外側からの刺激に反応しては、オーラを動かしたり、縮めたり広げたりしています。意識を広げたり、縮めたり、動かしたりしている、ということですね。

例えば友達同士で集って楽しくゲラゲラ笑ったりしているときは、オーラも大きくなっています。反対に落ち込んでいる人は、オーラが小さくなっているだけではなくて、暗くて重くなっています。

漫画でよく見る、顔に縦線が入っていたり、怒っている人の後ろに炎が出ていたり、というのは、実は実際のエネルギーのフィールドでも起きているものなのです！　漫画表現って素晴らしいですね！

オーラのどの層を見るかによって、色や形が違ってくる、と伝えましたが、どちらにしても私たちは、オーラを常に変化させているし、いろんな次元を行き来しています。どこに意識の焦点を当てるか、で変化するのです。

ですから愛情深い人のオーラは、ハートをよく使っていることになり、その層が豊かで美しくよく流れています。逆に鬱だったりしてハートを閉じている人のオーラは、暗くどんよりしていて、動きも鈍かったりします。

私たちは身体を鍛えたり、血液の流れを良くしたりすることができるのと同じようにオーラを整えたり、エネルギーの流れを良くしたりすることができるのです。

そうしてグラウンディングをしたり、身体を手入れしたり、心を整えたりすることでオーラに影響を与え、オーラを整えることで身体や精神に影響を与えるのです。

このことも第2章でお話ししていきますね。

癒しとは何か？

ここまでお話ししたことをまとめると、ヒーラーというのは、人のエネルギーの身体であるエネルギーのフィールドに、意図の力を使いエネルギーを通して働きかけることで、癒しへと導く人のこととなります。米国ではその働きかけをエネルギーワークと呼び、ヒーリングもそれに含まれます。が、ヒーリングはそれだけではない神秘の力も関わってきます。

そもそも、その「癒し」とはなんなのでしょうか？

人が一般的に日常会話の中で「癒し」という言葉を使うときには、なんらかの理由でしていた緊張がほどけてリラックスした、という文脈で使われていることが多いように思います。お茶を飲んでひと息ついたときや、心温まる映画を観た後、人間や動物の赤ちゃんを見たときなど、ゆったりとした時間を過ごすことで起きることを指しているのではないでしょうか？

優位だった交感神経が、副交感神経優位へと移り、つながりのホルモンと言われるオキシトシンが分泌されている状態です。

人が癒されるときには、心と身体と魂がリラックスします。そこへ行き着くプロセスをサポートすることはもちろんヒーラーの仕事の一つと言えるでしょう。

しかしながら、人がゆったりした気分になること＝癒し、ではありません。

癒し、というものをリラクゼーションというものを超えて、本質的な意味で考えてみましょう。

癒しとは人が本来の魂のあり方を思い出し、本質へ戻るプロセスです。傷という過去の記憶という情報から来た古い、その人を不自由にしている自己認識を解き放つことで、自己と世界の本質へと目覚め、自分が誰なのかを思い出すことです。
この場合の「誰なのか」は、あなたの名前や生年月日、どんな職業か、といったこととはあまり関係のないものです。

あなたはこの世界に存在するためになんの努力もいらなければ、生産性がある必要もありません。人より優れている必要もなければ、健康である必要さえないのです。あなたの弱みや困ったところとされるところも含めて、あなたはありのままで完全で変わる必要がありません。あなたも他の人も、生きとし生けるもの皆々、存在することそのものがすでに尊いのです。それはあなたが「自分だ」と思っているものを超えていつもそこにあったのです。

人はヒーリングを受けることで、このような世界の真実を思い出します。自分がありのままで愛される価値があることを思い出し、この世界の神聖さ、美しさ、豊かさを思い出し、それこそが本当のことだと知るのです。

するとあなたが自分自身をパーソナリティーのレベルでどう感じているか、社会や日常生活をどう感じるかも変容していきます。実人生をもまた大きく変えてくれるのです。

たとえ同じ家族と過ごし、同じ場所に住み、同じ仕事をしていたとしても、それをどう受け取るか、の感覚が全く違ってしまいます。人生の質が上がるのです。

そうしてあなたの日常に愛、美しさ、豊かさ、平和、安心、といった本質を感じられる時間が増えていきます。

またいつもそこにあったけれど忘れ去られていた魂の望みを思い出します。

魂の望みを思い出させる、ヒーリング

ヒーリングを受けたり、ヒーリングが起きたりすることであなたは、この世界で経験したかったこと、やりたいと思っていたこと、人生の使命や目的もまた思い出していきます。

私の子どもの頃からの夢は当時テレビで見たような「歌手」になることでした。しかし中学生になる頃にはそのことは意識の奥底に葬り去られ、歌手になどなれるのは一部の早くから見出された美貌や才能のある人たちだけの権利だと信じ、可能だと考えることさえ恥ずかしいと思っていました。

高校生ではバンドを組んでボーカルをしたりもしましたが、大人になっても歌い続けられるとかプロになるとか、ましてやそれでお金をもらえる可能性があるとかなどとは考えたこともありませんでした。当時は自費でレコードを作る、などということをする人もほとんどいませんでしたし。

成人した私は最初はファッション、それから音楽の仕事に携わり、アーティストのマネージメントをするようになり会社を立ち上げました。所属アーティストたちの活躍のおかげで私は音楽業界で成功を収めることができました。でも、大好きだった歌うことは封印され、カラオケでさえ避けるようになっていました。

そんなときヒーリングを受けたことをきっかけに、子どもの頃の夢を思い出します。そして、自分が音楽の仕事に就いたのも、実は自分が歌いたかったことの延長線上にあったのだということに気づいたときには驚きました。

「歌いたい」。魂からの望みの衝動に、私はやっと気づいてあげることができました。その頃私はすでに30歳も半ばを過ぎていましたが、気づいてしまったこの夢を自分に叶えてあげることに決め、10年間右肩上がりで成長を続けていた会社を手放し、旅に出ることにしたのです。

あなたが一度本当のことに目覚めると、もう自分に嘘をつけなくなります。たとえ理性的なマインドがどんなに馬鹿馬鹿しいことだ、と止めても、あなたは自分がやりたいと思うこと、やることが本当だと感じることをやらずにいられなくなるのです。もしそれに抵抗してやらないことを選択し続けると、人生はそれまでより苦しくなるかもしれません。

それから私は生まれて初めてボーカルレッスンを受け、踊りのワークショップに参加しました。それでもすぐには人前で歌うことができませんでした。その領域のトラウマ（傷）が大きすぎて、歌おうとすると涙が出てしまうのです。

そんな自分を癒すことで私は、当時住んでいたサンフランシスコベイエリアで40歳にして初めてのソロコンサートを行うことができました。三十数名の仲間や友達がチケットを買って駆けつけてくれました。日本に帰国後には、ジャズクラブでレギュラーを持ったり、有名ライブハウスなどで歌えるようになり、メジャーで活躍するミュージシャンとも共演できるようになりました。一昨年にはなんと初のホールコンサートを成功させ、昨年には初のアルバムを全国展開でリリースしたのです。コロナ禍になってからはオンラインでのライブとなりましたが、何百人もの方が視聴してくださるまでになりました。

それは、子どもの頃夢見た歌手とは、違っているかもしれません。メジャーでもなければテレビにも出ていません。しかし私は今、その欲しかったことのエッセンスを表現できていることで幸せと充実感でいっぱいです。歌う、という形で自分の本質を表現し、それを受け取って喜んでくださる方がいらっしゃる、そのことがうれしくてありがたくてたまらないのです。

私はヒーリングを受けて自分とつながることで、多くのクライアントさんたちが私のように、魂の望みを思い出し、それを生きることを自分に許すのをヒーラーとして、ヒーリングを教える教師として見てきました。その目撃者になれることはヒーラーであることの醍醐味で、毎回感動と感謝でいっぱいになります。

ヒーリングの効果

ヒーリングの効果は多岐にわたります。

身体の痛みが消えたり、軽減したり、病気が治ったり、心の病が好転したりすることは多々あります。たった一回のセッションで嘘のように消えることもあれば、半年とか一年継続することで徐々に良くなるものもあります。

パートナーとの関係が良くなり、出会った頃以上にラブラブな毎日になる方々もいれば、逆に我慢に我慢を重ねた結婚生活に終止符を打つことへと導かれる人もいます。

また、それまでの仕事を辞め、新しく本当にやりたい仕事へチャレンジする人、学生時代好きだったけれどお金にならないからと封印していた、ダンスや歌を再開しステージに立つ人、自分もまた他の人のお手伝いをしたいとヒーラーになった人、など様々です。

人は癒されると自分が本当にやりたいこと、この世界に生まれたことの意味、を生き始めます。それがなんなのかをハートを通して理解し、それを実現する勇気が出るのです。

だからといって、みなが外側に何かを創造したいとは限りません。癒されることで、しようと思っていた起業をやめて家へ戻り、子どもたちやパートナーと一緒にいることが一番やりたいことだ、ということに気づく人もいれば、競争社会から降りて田舎に引っ越し、好きなサーフィンを優先する生活を選ぶ人もいます。

そのプロセスは人と比べるものではなく、一人一人ユニークなものです。あなたならではの唯一無二の人生を尊重しましょう！　人と比べたくなったときにも、あなたならではのタイミングを信頼しましょう。

ヒーリングを受けて人生に変化を起こした人たちのお話をシェアしますね。

◎ボディーワーカーのM・Aさん

仕事や家庭に特に不満があるわけでもないのに、どこか満たされない気持ち、まだまだ足りないと思うような気持ちが常にありました。もっと、もっと頑張らなければと枯渇するような気持ちがあったのです。

ヒーリングを継続的に受けることで、まず、心臓のあたりが温かくなるのを感じるようになりました。道に咲いている花に目がいくようになり、綺麗だな～と心が感動し、ふと足を止めるような時間ができました。そして人のやさしさを感じられるようになり、身近な人に愛を感じられるようになり、何より、日々の生活の中で、満ち足りた気持ち、幸せだなという充足感で心が満たされるようになりました。

夫に対して（とっくに忘れていた）愛情の気持ちが再び湧いてきて、これまでうるさいと感じていた夫の寝息とかを聞いて、胸が熱くなって、今、ここにある幸せが、ハートの奥から感じられて満ち足りた気持ちになるのです。

これまでギュッと奥で固まっていた私のハートがオープンになり、家族への愛を感じ、また受け取れるようにもなってきた、ということなのかなぁと感じています。

以前は、家族の役に立たないと私がこの家にいる意味がないと感じていたのですが、今は私はただいるだけで良いというリラックスした気持ちでいられます。それはとても心が軽く楽しいことです。

そしてそのほうが家族も、周りの人もご機嫌でいられるようで、これまでの人生にはなかった、初めてのご機嫌の感覚を日常で味わっています。

すべては愛につながるということを感じられることが多くなりました。

◎当時主婦だったK・Tさん

私は、長年電磁波過敏症でした。1日外出すると2、3日寝込むような日々でした。

日頃から身体の倦怠感・頭痛で、家事や子育てといった日々の生活を送ることが、肉体的にも精神的にも大変でした。

また思い込みの強い自分の狭い価値観の中で生きていたので、「お友達とランチに行く」「楽しくおしゃべりする」といった誰でもできそうなことが、できなかったのです。パートナーとは離婚寸前、崩壊しかけていました。

天井を見上げ「生きている意味があるのだろうか?」と、人生の意味や命の意味を外に求め、漂い続けていたような毎日でした。元気な20代の頃も、どこか本当の自分を生きていない感覚がずっとずっとつきまとっていました。

それがヒーリングを受けることで、体調が少しずつ改善し、人とのお付き合いも楽しめるようになったのです。

それから自分が何をしているときに本当は喜び、魂は望んでいるのか、がわかるようになり、歌ったり、踊ったりし始め、それが自然にできるようになりました。

そうするうちに、子育ての意識も変わり、社会に受け入れられる理想のお母さんになろうとしていた自分を手放し、「自分らしいオリジナルなお母さん」として子どもたちと一緒にいられるようになり、子育てが楽になりました。

そばにいたパートナーとの関係にも繊細に感じることができるようになりました。つまり、「深く愛してくれている」パートナー自身が大きな愛の存在であることに気づいていったのです。

離婚を考えて崩壊しかかっていた関係が少しずつ改善していきました。それは、私が自分とのつながりを取り戻すことと正比例するように。

自分が魂の望みに沿う行動をし、自分を、いのちを満たせば満たすほど、パートナーとの愛と絆が深まっていく。そんな感覚があります。

K・Tさんは今では、プロフェッショナル・ヒーラーとしてご活躍しているだけでなく、歌ったり舞台で踊ったりする機会を作りながら、パートナーとお子さんたちと満たされた毎日を過ごされています。

◎マッサージセラピストのI・Aさん

幼い頃に両親から受けた、言葉や身体への暴力でとても傷ついていました。勤めていた会社でも、上司からの指示を批判と受け取ってしまったり、我慢ののち逆ギレして人間関係が悪くなったり、と人生でうまくいかないことがたくさんありました。そのたびに、両親への恨みや憎しみに転化し、両親さえ違っていたら、という依存的な気持ちを手放せませんでした。

ところが、ヒーリングを受けるうちに、気づいてみると両親への憎しみや恨みがすっかりなくなっており、上司の指示も恐れなくなり、他の人間関係も向上していたのです。

これらはほんのいくつかの例にすぎません。

たった一回のヒーリングセッションでも、癌が消えた方、ずっとできなかった子宝に恵まれた方、長年の男性恐怖症がセッションが終わった直後から変わり、友人や家族、親戚だけではなく、特に知らない男性に対しても親しみを感じられるようになった方、40歳過ぎてソウルメイトに出会い結婚、などなど奇跡と言えるような出来事の報告をたくさん受け取っています。

ヒーリングの好転反応

好転反応というのは東洋医学で言うところの「瞑眩《めんげん》」という考え方からきています。病や不調が根本から癒ようとするとき、すぐに良くならずに一時的に悪くなることを示しています。痛みがあったりと不快な症状がありますが、身体の自然治癒力が活性化され、あなたを癒そうと働いているのです。良くなるための身体のデトックス反応とも見ることができます。

ヒーリングを受けた後にもよく起こる反応です。

せっかくヒーリングを受けたにもかかわらず、頭痛が起きたり（水分不足の場合があります。お水による水分補給を心がけてくださいね）、風邪のような症状が出たり、過去の怪我からくる古い痛みが戻ってきたりします。心理的には、以前より落ち込んだ気分になったり、過去の嫌な記憶が戻ってくることもあります。

もしもあなたがヒーリングを受けたり、自分がヒーリングをしたりしたときに一時的に悪い状態になったとしても、過剰に心配する必要はありません（病気かと思われるとき、自分で扱いきれないときは、ヒーラーや医師に助言を仰ぎましょう）。仕事を休み、スマホを切って、ゆっくりとした時間をとって差し上げてください。

心理的なものが出てきたときは、心に浮かんだことをノートに書くことで整理されていきます。そうしてご自身のケアをしてあげながら、グラウンディングを続けましょう。

身体があなたを癒そうとしてくれていること、より本質的な自己とつながる過程であること、より良い人生へと導かれていっていると信頼していきましょう。

Exercise

異なる場所や物のエネルギーを感じる練習

すべてはエネルギーですべては波動、という前提で
あなたの周りを見回してみましょう。
そして目に入った異なるもののエネルギーを感じてみましょう。

1 選んだ対象に目を向けます

それを見たとき、自分の内側にどんな感覚が現れるかに気づいてみます。コツは自分をジャッジせず、ただ興味を持ってやってみることです。

2 また違った対象を選びます

今度はそれを見たとき、どんな感覚が生まれるかに気づいてみます。

3 二つの違った波動を持つ物へ交互に意識を向けます

今度はそれらを交互に見たとき、どんな感覚が生まれるかに気づいてみます。

4 感じ取ったことをノートに書いてみましょう

ふわっと、や、キリッと、などの擬音語を使ったり、曖昧な言葉で表現することもよしとしてください。

5 ちょっとした違いに気づいてみてください

どんな違いがあったでしょうか？

6 なんとなく、を大事にします

たとえ言葉にできなくても、なんとなくこれかな？　みたいな感覚を大事にしてください。

第2章

自分を癒すと能力が開く

ヒーラーとしての目覚め❶

ヒーラーとは他の人たちより優れている人というわけではありません。子どもの頃から能力があった人も、後から開発した人も、普段はなんということのない、あなたと同じ人間です。ごはんも食べれば排泄もしますし、時にイラッとしたり、悲しんだり、お金の心配をしたりする人もいることでしょう。

私がヒーラーになったきっかけをもう少しだけお伝えしましょう。私は30歳を過ぎてスピリチュアルな目覚めが起きるまで、エネルギーなんて感じることはありませんでした。直感が鋭いほうでさえなかったかもしれません。ましてや霊能者のプロフィールによくあるように「幼少の頃から見えない世界が……」みたいなことは全くありませんでした。

目に見える物や、現実的な人間関係や仕事にのみフォーカスし、霊的なものへの興味もありませんでした。

美食と夜遊びが大好き、クリエイティブな人たちとの交流、仕事での上昇、恋愛や性愛の楽しみ、それが私の人生のすべてだったかもしれません。元々は哲学的にものを考え、自分が生まれてきた意味を知りたい、という深い願いもありましたが、目の前の仕事と享楽の前にその望みは忘れ去られていたのです。

それが1994年、スチャダラパーという当時経営していた音楽事務所の所属アーティストが小沢健二くんとのコラボレーションで「今夜はブギー・バック」という曲がヒットし、仕事に大きな広がりが生まれた同時期、恋愛をきっかけに目覚めの体験をします。

性愛を通して、自分が思考でもなければ、身体でもない、ということを知り、それまで知らなかった「エネルギー」というものを身体を通して強く感じられるような体験をしたのです。

ヒーラーとしての目覚め❷

私はその体験の意味を教えてくれるような本を読み漁りました。

そんなある日一冊の本をきっかけに、基本伝授されるだけのエネルギーワークのメソッドに出会いました。

伝授ってなんでしょう? プラクティショナー(伝授をする人)がクライアント(伝授される人)のエネルギーの回路を開くことで、一つの種類(周波数)のエネルギーが自分や他の人に流せるようになるということです。伝授された側はそのことでその種類のエネルギーを自分や他の人の身体に手を当てたり、遠くから身体に触れないままにも流すこと(送ること)ができるようになるのです。

それは私にとっておもしろい体験で、自分を癒すことに役に立ちました。が、まだまだちょっとした好奇心以上のことは感じていませんでした。その頃並行して、エジプトやメキシコ、ネイティブアメリカンの聖地など様々な場所へスピリチュアルな体験を求めて出かけていました。

ピラミッドで瞑想し、シャーマンと旅し、聖なる儀式に参加し、心を浄化するようなワークショップで学ぶ、そんなとき出会ったのが前述したＮＡＳＡ（米国航空宇宙局）に勤務していたこともある物理学者で哲学博士のバーバラ・アン・ブレナン博士でした。

当時の私は、すでに他の先生のもとで学びライトワーカーであること、フラワーエッセンスセラピー、霊性に基づいた心理学、などを学んでいましたが、全米で一番有名なヒーラーが日本にやってくる、ということで、遠くてもぜひ参加してみようと名古屋まで出かけて行きました。

そうして講義や演習を経てワークショップも終わりに近づいた頃、ブレナン博士が「チャネリング」という手法を使って、彼女のスピリチュアルガイドであり、そのヒーリングスクール全体のガイドでもあるヘヨアンという高次元の存在からのメッセージをライブで受け取る、という場面となりました。

ブレナン博士がガイドとつながるために呼吸とともに意識を引き上げていくと、私の意識もまた大きく広がっていくのを感じていました。

それから目を閉じチャネリングメッセージに耳を傾けていると、

「あなたはここに何をしにやって来たのでしょうか?」

ブレナン博士のスピリチュアルガイド、ヘヨアンの金属音を含むような高めの鼻声が会場に響き渡り、私たちに問いかけました。その言葉はエネルギーとなり私の胸を直撃し、いつの間にか頬を涙が伝っていました。

ヘヨアンは「今日どうしてこのワークショップにやって来たか?」というような

単純な質問をしたわけではありません。

私という魂が「この世界のこの国に、この時期にこの身体や能力や制限を持ってこの家族のもとに、生まれてきたことの意味」「私の人生の意味」を問うていたのです。短い一言の問いかけを聞いただけで私にはそれがわかったのです。

涙はいつか嗚咽《おえつ》に変わっていました。

そうして私は、

「自分はヒーラーになるのだ」

「そのためにこの世界にやって来たのだ」

とただただ理解したのです。

通常の意識ではキャッチすることのできない、私の中にある何か深く神聖なものに触れているのがわかりました。初めての体験でした。思考や直感を超えた場所から答えがやって来たのです。

続くヘヨアンの言葉を聞きながら私のマインドを走馬灯のようにこれまでの人生がかけ巡りました。寂しかった子ども時代、父や母と別れたこと、身体が弱かったこと、非常に繊細だったこと、などそのすべての体験が私がヒーラーになるためにそこにあったのだということを、理性ではないレベルで納得していました。

スピリチュアル・ヒーリングを受けた後にこのようなことが起こることは珍しくありません。理性的なマインドでは理解できないようなことを、ただただ、もっと深い場所でただわかった、と感じるのです。すべての理由から来た理解を飛ばして、ただ、「そうなんだ」とわかるのです。

ヒーラーとはまず自分を癒す人

ブレナン博士との出会い、初めての神聖な体験を経て、それから四年間にわたりエネルギーワークの専門学校「バーバラ・ブレナン・ヒーリングスクール」(BBSH)で、専門的に「スピリチュアル・ヒーリング」を学びました。

目に見えない能力が開き、たくさんの違ったヒーリングのスキルを習得し、それを使って他の人のお手伝いをできる自分になりました。能力が開いていることとその能力を他の人の癒しのお手伝いとして使えることの二つは、別のことなのです。

スクールではヒーリングのスキルとともに、オーラを見たり、スピリチュアルな導きを受け取ったり、といった五感を超えた感覚を発達させることもまた学びました。が、私にとって一番の収穫は、とにかく徹底的に「自分を癒す」ということに

取り組めたことでした、

ヒーリングスクールに通う前の私は、自分に癒しが必要だなんて思っていませんでした。高次元の存在へヨアンのワークショップで「私はヒーラーになるのだ」という強い思いを体験したにもかかわらず、通常の意識に戻ると、目に見えないことが知りたいという好奇心や、特別な人になりたいという欲求のほうが私のスクールに入った最初のモチベーションとしては強かったかもしれません。もっと正直に言うと、当時の仕事を辞めた後の、「手に職」になるようなものが欲しいという考えもありました。

その頃ヒーリングスクールは米国のニュージャージー州にあり、私の学年だけでも400名もの生徒が集まっていました。全米各地からだけでなく、欧州、南米、アジア、中東、など世界中からヒーリングを学ぶために集っていたのです。

スクールでは技術を学ぶだけでなく、霊的目覚めに関してのクラスや、グループでのセラピー、クリエイティブな探求を踊りなどで表現するクラスもありました。

それはみな人が自己の様々な側面を探求し、自己を癒し、進化させながらヒーラーであることへと目覚めていくためのプログラムでした。

そこで私が見たものは、生徒たちが癒されていくほどに、ヒーリングや見えないものを知覚する能力が上がっていくということでした。これは逆に考えると、私たちが本来持っている潜在能力の一つである「癒しの力」は、「心の傷」という過去の情報によってブロックされているということです。

自分を癒すと、心の傷が癒えていく

心の傷＝トラウマは、以前は心理によってのみ理解されていました。が、今ではそれが脳の発達や神経系に影響を与えていることもわかってきています。同時にそれは前述したようにエネルギーのレベルでの不調和としてあなたのエネルギーフィールド＝オーラにも現れています。

その心の傷を癒しているかどうか、は私たちがどのように世界を見て、どのように世界と関わり、どのような世界を創造していくかに関わっているだけでなく、ヒーラーとして見えないものを知覚する力の精度、エネルギー情報をどれだけ精度高く知覚し表現できるか、の下地となります。

また、ヒーラーとして持ち得た力を、他の人の人生を良いものにするための手伝いをするため、社会のために正しく使えるようになるためにも、あなたの心はある程度以上癒されていなければなりません。

そうでないとあなたは、あなたの持てるエネルギーを使う力を誤った方向に向け、無自覚のうちに自分の利益ばかりを追求したり、他人を操作したり、利用したり、傷つけたりするようになってしまうからです。その能力はある意味切れる刃物のようなものかもしれません。愛する人たちのために料理をするツールにもなれば、人を傷つけることもできてしまいます。

私たちヒーラーは、オーラなどエネルギーフィールドに働きかけることで、心や身体の傷を癒す手伝いをします。それは文字通りお手伝いであり、本当のところは人は自然治癒力や心の力を使って自分自身を癒しています。また、神秘の力も働いています。なぜそうなったかわからないけれど、そうなる、というような奇跡は起こります。

そうして自分の中の傷や不調和に気づき、その都度癒していくことで、ヒーラーとして能力を深めていくとともに、その力を世のため人のために使えるようになっていきます。

人が自分の心の傷を癒すそのプロセスにおいて、自分のことを深く知っていきます。最初は自分は本当は何が好きで、何が嫌いか、から始まり、どんなことに傷ついてきて、何を恨んでいるのか、または何に感謝をしているのか、などに目覚めながら、もっと深い魂の望みに気づいていきます。それから、自分というものは本当は何者なのか？　ということにも目覚めていくのです。

私は、自身のヒーリングスクールも開校していますが、そこで一番大事にしていることは何よりも「自分とつながる」ということです。その過程で自分を癒し、本質に目覚めながら「ヒーラーであること」のあり方と、実際的な技術を身につけていきます。

あなたは本当の自分を生きていますか？

自分を癒すために一番大切なことはなんでしょう？　それはなんと言っても自分とつながることです。自分が本当は何を思い、何を感じるのかに気づいていくことです。そうして自分にとっての「本当」を知っていくことで人は癒されていくのです。

自分とつながるですって？

ちょっとおかしなことですよね。すでにあなたはあなたで、今更つながるって一体なんなのでしょうか？

私たち現代人は、いつの間にか自分との本当のつながりを失ってしまいました。生まれたての頃、赤ちゃんだった私たちには、今、この瞬間しかありませんでした。その瞬間をフルに生きていたのです。それが成長するにつれ、最初は家族の中で、その後は学校や会社、といった社会の中でうまくやっていくための「仮面」を作り上げていきます。それは本当に思ったり、感じていることをなかったことにして、表面上だけでもうまくいかせるための、子どもなりの生存戦略です。

母親をはじめとした大人たちは、子どものその瞬間の欲求や望みに合わせて叶えるよりも、子どもが自分たちの都合に合わせることを無自覚のうちに望み、さらに強要します。子どもがそれに合わせた振る舞いをしないと大人たちは叱ったり「言うことを聞かないと置いていくよ！」などと見捨てることを匂わせてコントロールしたりします。

逆に気にいることをすると褒められたり、おやつをもらったり、おもちゃを買ってもらったりというご褒美をもらえたりします。そうして子どもは親の条件づけの愛を通して、愛というものは条件づけがあって初めてもらえるものだと学びます。

子どもにとって特に母親に愛されることは生死に関わることです。それは生まれる前母親からへその緒を通して栄養を得る、母親の胎内そのものが生存できる環境であるところから始まっており、その後も赤ん坊の生存は母親がお乳という栄養を与えてくれるかどうかに始まり、母親、またはその代理人となる人に生死を完全に依存した存在だったところからきています。

そのために子どもは、少しずつ母親に愛されるために自分の本当の欲求を心の奥に埋め込み、「いい子」や「できる子」「物分かりのいい子」などを演じ始めます。こうして外側に作った性格の一部を「仮面の自己」と呼ぶことにしましょう。

仮面をつけて「いい子」でいる、そのことであなたは、大好きな母親や周りの大人たちから褒められ、愛される、という条件つきの愛を受け取りました。が、しかし、その深層では、ありのままでは愛されない、という思い込みを自分の中に作っていきます。

そして、あまりに長い間本当の欲求や気持ちを抑圧していたため、自分の内側で本当に感じていることが、わからない大人になってしまうのです。

仮面《マスク》をつけている自分に気づく

私のところにはよく「自分が何をしたいかわからない」という人たちがやって来ます。それは、長年の間、良い学校に行くことや、スポーツで秀でること、堅実な勤め先を見つけること、安定した家庭を築くこと、など一見正しくはあるものの、親や学校、社会が望むことを自分の望みと勘違いしたままに生きてきたことで、自分の本当の望みがわからなくなっているからです。

「適切であること」があまりに重んじられ、「自分がどうしたいか」ということに深く向き合い考えることなく大人になってしまったことで、人生の岐路に立ち、もっと自由に生きたいと思っても、一体自分がどうしたいのか、ということがわからなくなってしまうのです。

「仮面の自己」というのは、自分のことを深く知っていこうとする前には、それこそが自分だと信じているものなので、その下にもっと本当の自分が隠れている、とは夢にも思いません。

例えば、私自身が目覚める前につけていた仮面の中でわかりやすいものの中に「自立した人」というものがありました。これはまさに母が私に望んだ私の姿で、実際の私からは遠ざかっていましたが、そのことは自分の癒しに取り組むまで気づきもしませんでした。小さな頃から何でも自分でやること、大人として振る舞うことを期待されていたのです。

小学校に入ったばかりの頃からでしょうか？　私は喉や鼻が弱く、よく耳鼻科に通っていました。いつも一人で診察券を持って出かけていました。また、母の友達がやっていた歯医者さんは遠かったのですが、そこにも線路脇を通って一人で行っていました。今思えばそれは小さな子どもにとって、決して簡単なことではなかったと思います。ほとんどの子どもが親と来ていて、一人なのは私だけでした。

また小学生の頃から週末には自分でお弁当を作り、遠くのそろばん塾に弟の手を引いて連れて行っていました。母とラグジュアリーホテルに泊まったときには、夜の仕事をしている習慣から朝遅くまで寝ている母を起こさないままに、一人で部屋の鍵を持ってレストランで朝ごはんを食べ、サインをするような子どもでした。きちんとしたマナーで一人で朝食をとれることを、ホテルマンや大人たちは静かに承認してくれていたであろう空気やそのときの誇らしく思う気持ちと、孤独とを今でも覚えています。


そのように私はまだまだ親に面倒を見てもらう必要のある子どもの頃から、とにかくどんなことも自分一人でできること、が一番大切なことだと学び、それが「できる自分」「自立した人」という仮面の自分を作り上げる基礎となりました。

のちに私は芸能、音楽、ファッションなどの交差する世界で活躍することになり、業界での地位も、収入の面でも成功する人となりました。外国車のコンバーチブル、エルメスのバーキンやケリー、ロレックスの腕時計、ブランドものの服、といったアイコンを揃え、私は自分が経済的にも精神的にも自立した大人になったと信じていましたし、人も私のことをそう見ていました。

ところがスピリチュアルな目覚めを機に自分の心の中を見ていくにつれ、その仮面の下に、依存的な自分、親に見捨てられ、放置されたと感じ、心底悲しんでいる自分、傷ついている自分、を発見したときにはとても驚きました。

傷ついていた自分は、依存的なまま、ありのままで愛されたかった私です。「偉いわねえ」と褒められることよりも、駄々をこねたり、甘えたりする子どものままでそのままで、面倒を見てもらいたかった自分がそこにはいたのです。

自分の内側にある認めたくない自分とは

自分が仮面をかぶって生きていたことに気づくまでの私は、依存的な人が大嫌いでした。大人のくせに自立をしていない人、何かと他人に頼ろうとする人たちのことを軽蔑さえしていました。そして前述のように、仮面の下には絶望的なほどに愛されたくて満たされなかった自分、人に依存したくて仕方がなかった自分がいたのです。

このように自分の内側にいる認めることができない自分の一部を、スイスの精神科医で心理学者のカール・ユングは「影＝シャドウ」と呼びました。抑圧された自分を外の誰かに見てしまうのです。自分自身で認め、受け入れることができない自分の一部を影として外の誰かに見て、切り離し、嫌ってしまうということです。

その後解釈が広がり、いわゆる「ネガティブ」なものだけでなく、「ポジティブ」なものにも現れることがわかり、それを「ゴールデンシャドウ」と呼ぶようになります。例えば、インスタグラムやFacebookで見た素敵な誰かが持つ人の質を「自分にはない」「自分とは違う」と決めつけて、外に見る誰かに過剰な憧れを抱いたりするのがそれです。

そのどちらの場合においてもあなたはあなたの内側にある「力」を信じていません。自分の力を信じていない人は、自分の感じること、考えることは、「外」からの原因によって起こると信じています。

ところが本当のところは、あなたの中に起きる「感情」は、あなたの「外」の原因によって作られるのではなく、そもそもあなたの中にある過去からの記憶、という情報の引き金を引いているだけです。

物事は存在する、しないにかかわらずすべてニュートラルで、プラスもマイナスもない世界です。それに解釈をつけているのは私たち人間です。ただそれについて何かを感じるあなたがいるだけです。良い、悪い、美しい、醜い、という判断や評価をする私たちがいるだけです。おわかりいただけるでしょうか？

例えば、「几帳面だね」と言われたら、どんなふうに感じますか？　うれしいと感じる人もいれば、当然と感じる人もいる。中には批判されたと感じる人がいるかもしれません。誰かに同じことを言われたとしても人の反応はそれぞれです。気になる人もいれば、気にならない人もいます。その違いはあなたの過去の記憶という情報の内面世界によっていて、そこから感情的「反応」が起こるのです。

これは道端に咲く花が美しいと感じたり、夕日を眺めて豊かな気持ちになったりするのとは違います。こちらは内側から立ち現れる「自然な感情」で、他人の言動で傷ついたり、腹を立てたりするのは「感情的反応」であると、分けて考えてみてください。

あなたが自分の外に原因を見て愛せなかったり、過剰な憧れを感じる誰かや誰かの一部はあなたの影です。それは自己の様々に違った部分に出会い、そのすべてを自分のものとして愛し、慈しむことで変容していき、その先にはあなたの本質との出会いがあります。

仮面の下には傷があり、そこから来る受け入れ難い自己の一部を外に投影したものを影＝シャドウと呼ぶと言いました。それではその仮面の下、傷のさらにその下には、何があるのでしょうか？

本質との出会い

仮面の下、傷のさらにその下には何があるのでしょうか?

そこにはあなたの「生命力」があります。

仮面を超え、傷を癒すことであなたの本来持つ生き生きとした生命力、生命エネルギーが流れ出すのです。


また別の視点ではそこに「本質」があります。

その本質には大まかに分けて二つの層があります。一番下にあるのは、自分を含めた存在するもの存在しないとされているものも含めたすべてを構成するものです。普遍であり永遠、すべてが同じもので構成されているという層です。

もう一つの層はその本質が個人化された場所です。ここでは様々な女性的質と、男性的質が個人個人別の割合で存在し、あなたをユニークな存在とし、あなたならではの光を放つ場所です。

次の図を見てください。これは、エヴァ・ピエラコスという女性が高次のグループエネルギー存在である「ガイド」を「チャネリング」して降ろした「パスワーク」という教えを参考にした図です。余談ですが彼女は1970年代にフロイトから分化していったライヒ派の精神科医である「コア・エネジェティクス」という心身の統合を目指す療法を構築したジョン・ピエラコスの妻でもありました。

社会に適応するために身につけた仮面の自己を超え、過去から来る傷というネガティブな記憶の情報を癒せば癒すほど、私たちは生命力が流れ出し、本質へとつながり、傷や仮面を超えてあなたの本質の光が外へと現れていきます。それが実際に言葉や行動とその向こうにあ

る生命力と本質のエネルギーと共に表現されていきます。

あなたは過去からの傷を持ったまま、仮面の自己を時折つけるときもありながら、生き生きとし、本質を表現している時間が長くなっていきます。あなたのする表現に傷やマスクよりも本質の割合が増えていきます。

自分を癒せば癒すほど、癒された、癒されない、の二元性を超え、いまだ不完全な自己のままで、あなたの本質を生きていきます。あなたの毎日や人間関係に喜びの割合が増えていくのです。

それはまるで、モノクロの世界から薄皮に包まれたカラーの世界に、やがてビビッドでカラフルな世界へと見え方が変わっていくかのようです。生命力が上がり、感受性が豊かになると同時に、言語化されていないときにも、生きる目的を満たしているかのような充実感があります。

本質につながることで気づく傷

仮面の自己の世界では、世界はこなすべき重荷や仕事のようなもので、あなたは常に演技をしているだけでなく、仮面をつけて生きていることに気づいていません。

しかし、あなたが少しでも目覚め始めるとどこか違和感を覚え、何かが欠けているという感覚が否めなくなります。

そして何かのきっかけで仮面が外れ本質を経験していくことになります。本質につながることで逆にその手前にあった傷に気づくのです。

私もそんな一人でした。

私が本質の自分に初めて目覚め、それまで「自分」だと思っていたものを超えて、世界の美しさ、自分の本質を味わった後に来たものは、何十年もの間、抑圧していた「傷」でした。

そして一度この傷を追体験し癒すことで、私はさらに生命力が上がり、本質へとつながっていったのです。その間に何人もの訓練されたヒーラーたちに助けられました。自分だけでは降りていくことのできなかった傷や本質に、時に一緒に存在してくれることで、時に実際的なエネルギーワークを通して、癒してくれたのがヒーラーたちでした。

ヒーラーとは、このようにエネルギーワークを提供する人に限りません。存在すること、ともにあることでその人が癒されたり、自己の本質に目覚めていくことを助ける人でもあります。

他者が本質に目覚めることを助けるためには、あなた自身が本質に目覚めていなければなりません。もしもあなたが本質に目覚めてそこに存在していると、一緒に

本質

男性的質	女性的質
理論	直感
理性	感情
強さ	やさしさ
充実感	あることの喜び
目的意識	愛情深さ
方向性を持って進む	衝動的自発性
意志	受容性
計画性	流れのままに身を任せる
冒険心	安心感

いる人はそのエネルギーの状態に影響を受けて目覚めます。

このように、ある人のエネルギーの状態が他の人のエネルギーの状態に影響を与えることを「調和誘導」と言います。よりエネルギー値の高い人のほうから、低い人のほうへ影響を与えるのです。

そういう意味では、あなたは何もしなくても存在するだけでヒーラーであれるのです。本質は誰にでもあります。本当のことを言えば私たちは、仮面でもなく、傷でもなく、本質そのものの現れなのですから。


私たちは癒されれば癒されるほど、本質へとつながるだけでなく、アイデンティティーの変化も起こります。どういうことでしょうか？　それは、これまで仮面の自己が自分だと思っていたところから、傷の中で自己を見失っていたところから、本質のほうが自分であるという自己認識が少しずつ起きていくということなのです。

本質に目覚めるための方法

私たちが本質につながるために、本質に目覚めるために仮面に気づき、それを超えていくためには、私の最初の大きな目覚めのときのように、偶然が働くのを待たなければならないのでしょうか？　いいえそんなことはありません。

私たちは「グラウンディング」というエクササイズであり方法を通して、少しずつ、ときに劇的に体感を通して、自己の本質につながることを深めていくことができます。それは別の言い方をすると「存在」への目覚めであり、体感を通してただ存在することの感覚を知ることでもあります。

グラウンディングとは、英語の grounding（ground= 地面）に由来する言葉で、「地に足をつけること」を意味します。

また、いわゆるスピリチュアル系では「エネルギーを足の間から伸ばして地球の核のエネルギーにつなげそれを安定した形で保つこと」「地球とつながること」という意味でグラウンディングという言葉が使用されていますが、私がお伝えするそれはちょっと違っています。

私はその言葉を、物理的またはエネルギー的に地に足をつける、という一般的なグラウンディングの意味を超えて、自己の意識エネルギーを肉体に接地させるという意味で使っています。別の言い方をすれば、それは魂の器である身体に意識をつなげることで、物理性／精神性の両方が矛盾なく、より精妙に統合された状態のあり方を目指すことを意味します。それは身体を通して自分の魂とつながる重要なツールです。

それは本来言葉で伝達できるものではないものですが、ここではいくつかのエクササイズをしていただくことで体感できることでしょう。そして機会があったらぜひ私の提供する無料のグラウンディングの誘導であり、伝授を受けていただければ幸いです。

グラウンディングの基本手順

これはフルにしっかりやると20分くらいかかりますが、忙しいときは5分でも、3分でも効果を得られますので、ご自身のために時間をとってやってみてくださいね。毎日やることであなたの意識は徐々に身体に根づいていくことに気づくことでしょう。

起きて出かける前、昼休みの食事の後、家に戻ってゆったりしたいと思うときか、寝る前、毎日時間を決めて繰り返し行うことで効果が現れます。

グラウンディングの基本手順は左記のとおりです。

❶今の状態を確認する
❷ポーズをとる
❸頭から足の裏までを丁寧に感じる

❹足を床にねじ込む
❺ハートを感じる
❻骨盤を感じる
❼ハートと骨盤をつなぐ
❽丹田を感じる
❾中心軸を感じる
では、それぞれの手順の詳細を見ていきましょう。

1 今の状態を確認する

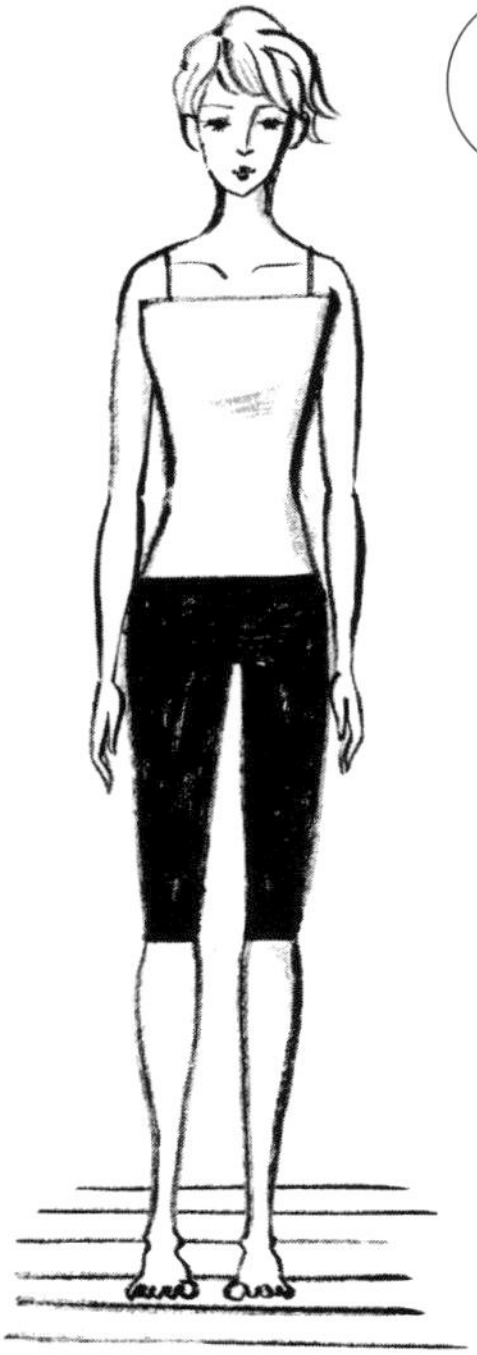

ごく自然に立ち、自分の意識／エネルギー／注意の多くが、身体の中や外のどのあたりにあるかをスキャンします。そして、今のグラウンディングの状態を10段階で数値化します。

2 ポーズをとる

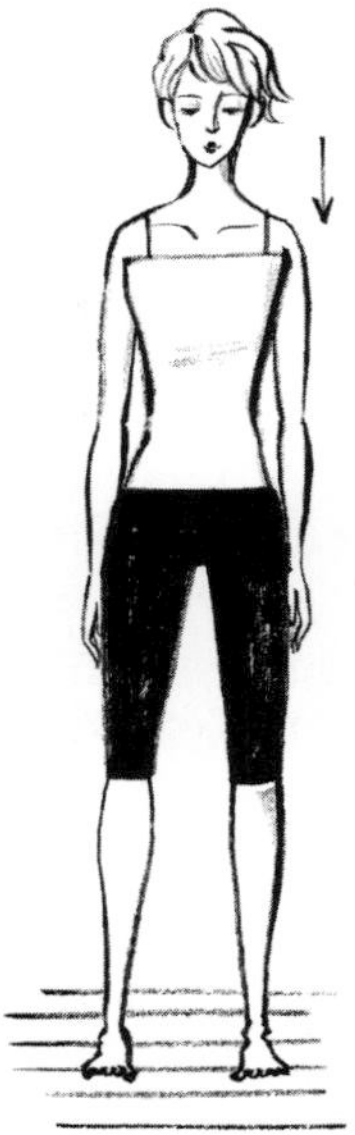

足を腰幅くらいに開き、両足を平行にし、両手をぶらりとさせて立ちます（足が平行になっているか実際に目で見て確認します）。

丹田を意識し、そこに両手の指を持ってきます（丹田はおへその下指３〜４本くらいのところにあります）。

丹田のところに指を置いたまま、骨盤を前に丸めます（骨盤が床と水平になるように）。そして、腰を落とします（膝は自然と曲がります）。

＊丹田は身体においての重心であり、同時に動くときの支点です。

3 頭から足の裏まで感じる

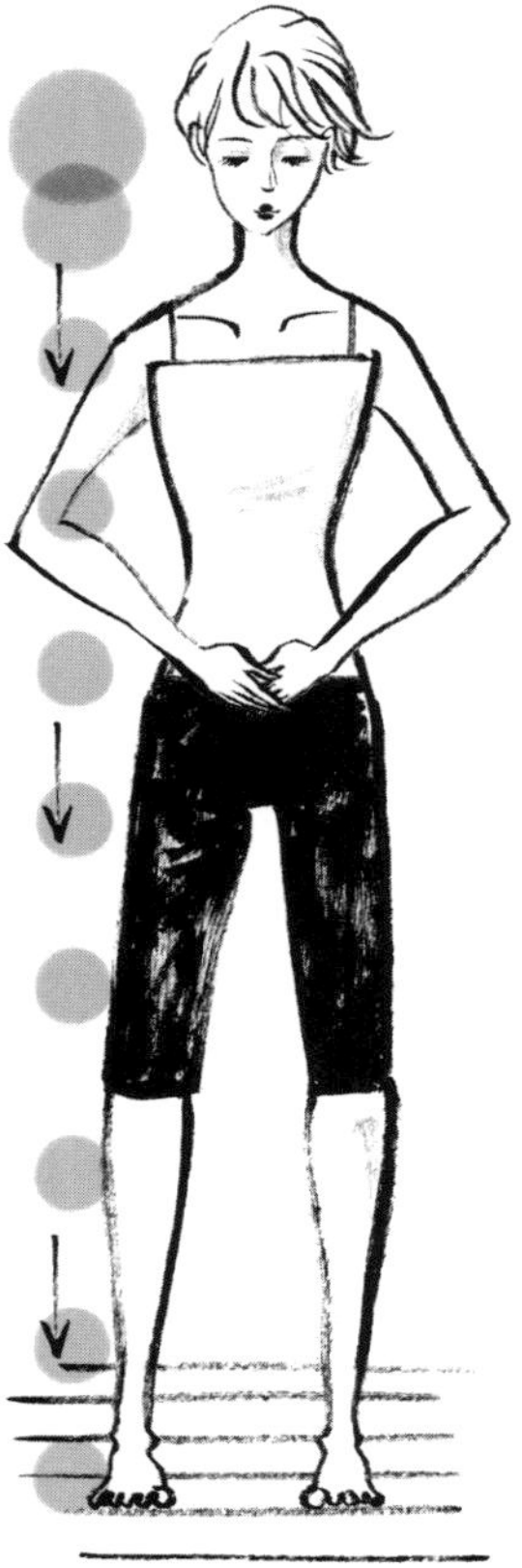

一度意識を頭の中へと集めて、頭から足へと意識を少しずつ降ろしていきます。このとき、頭の中にイメージを創ったり、ビジュアリゼーション（視覚化）をしたりせず、身体の部分、部分を実際に感じながら少しずつ降ろしていきます。

呼吸は鼻から自然に。ご自身の呼吸に気づいていてください（息を吐くときに下へと意識を押し込むようにするのも有効です）。

目は半眼で。斜め下を見ます（少しの間であれば目を閉じても良いです。目を閉じたままにはしないでください）。

＊あごをゆるめ、上の歯と下の歯を離しましょう。
＊胸を張っている人は背中（背骨）をゆるめましょう。
＊両足は自然に左右に動かしても良いです。
＊身体が揺れるのに任せ、意識がどんどん降りていくことを意図し、それに任せます。
＊目を開けているときは、床の一点を見ると良いでしょう。
床のほうに意識を向けすぎて身体への意識がおろそかにならないように注意してください。
＊目を閉じているときは、意識が上にあがったまま頭の中でイメージを創っていて、実際の意識が降りてきていない可能性に注意しましょう。

④ 足を床にねじ込む

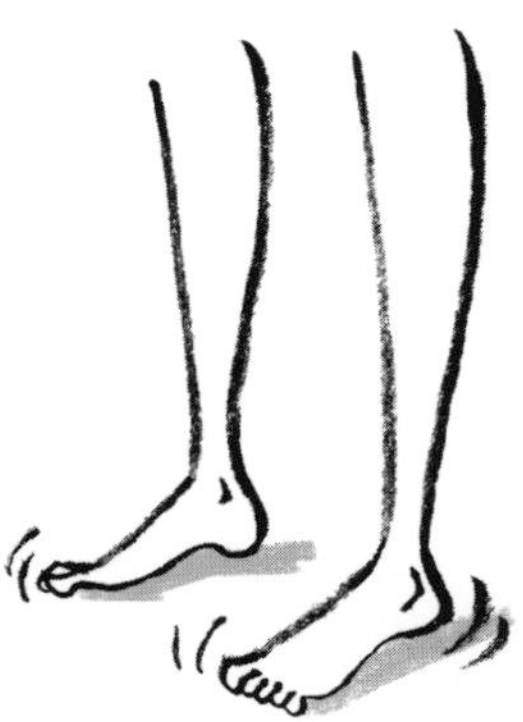

足を床にねじ込むように足の裏を
床にグリグリとすりつけます。

⑤ ハートを感じる

胸の中心、心臓のあたりに両手を
置き、ハートをじっくり感じます。
次に、ハートの後ろも感じます。

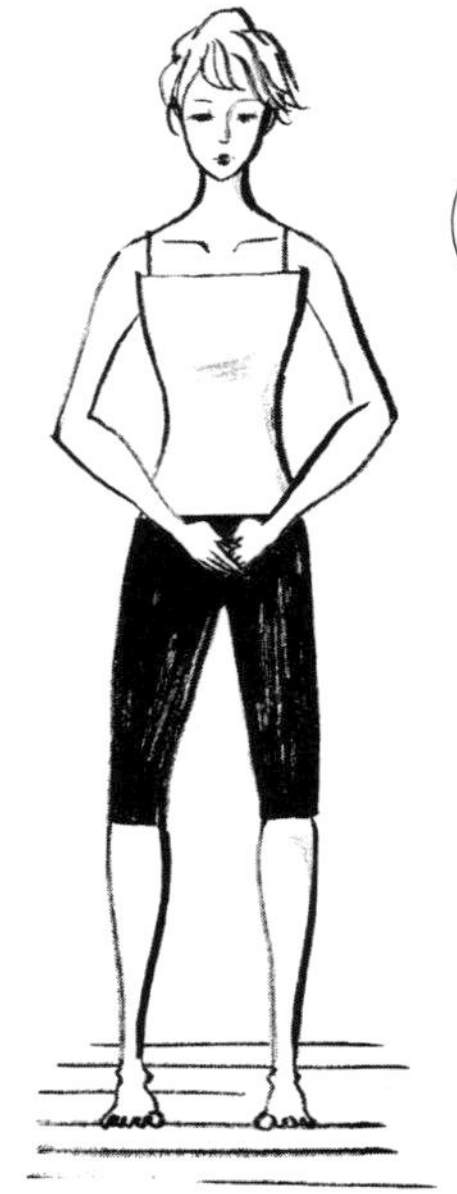

6 骨盤を感じる

下腹部に両手を置き、骨盤をしっかり感じます。次に腰椎の一つ一つを降りていき、仙骨、尾骨、尾てい骨までよく感じましょう。そして、骨盤の中（女性は子宮も）、骨盤底筋、お尻の穴、生殖器の中も感じましょう。

＊必要だったら身体を左右に揺らしたり、腰を回したりするのも良いです。

7 ハートと骨盤をつなぐ

片手をハートに、片手を下腹部に置き、「ハートと骨盤の間のエネルギーをつなぐ」と意図し、呼吸を続けます。

＊つなげるコツは呼吸です。この部位は感じられないな、というところに意識を持っていって呼吸をします。
＊このとき姿勢が前傾になる人も多いでしょう。頭が下に向き、猫背になったような感じがすることもありますが、それでいいです。
＊ハートと丹田はつなぎません。

8

丹田を感じる

丹田に両手の指先を置き、丹田を感じます（少し時間をとります）。

9

中心軸を感じる

ハートのチャクラの少し上で合掌します。右手はそのままで、左手は指先を下向きに変えて丹田の前に置きます。目を閉じて、右手と左手でつくった軸をガイダンスとして身体の内側に中心軸を感じます。十分に感じたら、ゆっくりと目を開けて自然に立ちます。そのまま少し身体を感じます。

＊身体を感じられなくても大丈夫です。練習することで少しずつ感覚がつかめてきます。
＊それがなんであっても、気づきがあったことを成功とします。
＊受け取った気づきや、小さなできたことを自分に認めてください。

グラウンディングとエネルギー、そして意識

当たり前のことですが私たちはみな、肉体を持っています。そして同時に、エネルギーの身体も持っていて、前出のバーバラ・アン・ブレナン博士は、これを「ヒューマン・エネルギーフィールド（ＨＥＦ）」と呼び、秘教的には「オーラ」と呼ばれてきたというのはこれまでお伝えしたとおりです。

繰り返しになりますが、オーラ＝エネルギーフィールドも多次元にまたがって存在し、それぞれの次元によって違った形、見え方をします。そしてそれはすべて、心の現れであり、肉体のエネルギー次元での現れでもあります。

私たちは自分の意識エネルギーを意識的に使うこと、つまり身体を動かしたり、呼吸に意識を向けることなど、自分の心や身体で起きていることに意識的になるこ

とで、グラウンディングが深まった状態を意識的に作れるようになります。それは別の言い方をすれば、自己とのつながりを深め、より本質に根ざした心と身体の状態であることを習慣化していけば、あなたのものとして安定していくということです。

朝、昼、晩と、1日3回は短い時間でもいいのでやってくださいね。できるときには20分以上時間をかけゆっくりやってみましょう。

グラウンディングを深めていくと、他人を含めた万物とのつながりを感じやすくなって、喜びや幸福を感じやすくなるとともに、自分の本当の望みがわかり、自然なモチベーションを感じたり、それを向ける方向性が見えてきます。

グラウンディングは、何度か行えばわかる、数か月で完全に習得できるようになるものではありません。日々練習を積み重ねることで、深まり続けるものです。それは私たちが、肉体を離れるときまで深め続けられる可能性を持ったものです。私もいまだにそのプロセスの中にあります。

グラウンディングとパーソナルプロセス

グラウンディングをして自分とつながったとき、人はどんな感覚を得るのでしょうか？　人それぞれその時その時によって違ってはいますが、いくつか繰り返し聞く言葉や、共通した感覚があるようです。

初めてグラウンディングに誘導された人の多くが言うことの一つに「私、足があったんだ！」というのがあります。これまで、あまりに多くの意識エネルギーが頭やその周辺に留まり、最小限しか下半身へと流れていなかったがゆえに、足、脚の存在をリアルに感じられることがなかったのです。それはしばしば、感嘆の言葉とともに語られます。

足がある、ということは二足歩行するあなたを地面との間で支えるものがある、ということです。欲しいもののところへと歩いて行ける、という感覚を呼び覚ますことです。

それから一番大きなものは、身体にいることの安心感です。安心、安全が外側の条件に左右されることがあっても、実際にはそれが自分の内側にあるのだ、という感覚です。どっしりとした、静けさ、安心感、安定感、ニュートラル、つながっている、などがよく出てくる感想の単語です。

しかしグラウンディングを深める過程において、これまで抑圧してきた感情や身体感覚の追体験があることがあるのです。91ページにも書きましたが、本質につながることで今度は逆戻りするかのように、傷を追体験するのです。

「あることがある」

と書いたのは必ずしもいつもそうである必要はないからです。

そのように過去の出来事によってついた傷という情報を、癒し、クリアにして、本質に目覚め、つながり、日常生活と統合させていく個人の旅をパーソナルプロセスと言います。これは一人一人違っています。

ネガティブ感情は誰にでも出てくる

その過程において多かれ少なかれ、あなたはなんらかの記憶の現れとしての痛みや傷、ネガティブ感情を感じることは避けられないことでしょう。それは、怠惰ややる気のなさ、未来への不安、方向性がわからない、など本当の傷を隠すような仮面をかぶっていることもあることでしょう。「ダミー」なんていう言い方もできるかもしれません。

先にお話ししたように、その傷の起源は、あなたが胎内にいたときに母親が感じた気持ちや転んだときのショック、ときに喫煙による肉体への影響、母親が出かけたときに一人取り残されたと感じた不安や悲しみ、オムツが濡れた気持ち悪さ、といったものから、過去生やご先祖様の体験まで多岐にわたります。

ではこのような感情が出てきたときには、どのように扱えばいいのでしょうか？

まずはその感情をご自身が受け止めてください。そこにあることを認めましょう。それがどんな気持ちでも自分が感じている以上自分のものとし、感じている自分と一緒にいます。もしかしたら、その感情を感じている自分を、もう一人のそれを見ている自分のほうから、慰めたり、勇気づけたりするのもいいかもしれません。そしてどんな自分でも愛すると決め、そうし続けましょう。

それからそれがあなたをさらにグラウンディングさせ、本質へとつながることを意図します。

もしあなたが一人では扱いきれない、と感じたならば、プロフェッショナルのヒーラーに手伝ってもらいましょう。

もしもそのヒーラーが本物だとしたら、どんな思考を持ち、どんな感情を感じているあなたでも丸ごと認めて、そこからあなたのエネルギーフィールドに働きかけて、傷という過去のネガティブな情報を浄化しては不調和を癒し、あなたが本質に戻ることを手伝ってくれることでしょう。

もしもあなたが初心者のヒーラーで、まだ高い技術を持っていなかったとしても大丈夫です。後の章で述べますが、あなたは不完全で完全なあなたのすべてでクライアントとともに存在し、自分と相手の存在を肯定するのなら、そこには必ず癒しが起きることでしょう。

自分の良いところ、才能、できるところを見る

前項でグラウンディングを通して本質に目覚め、「ありのままの自分をそのまま受け止め、愛する」ということをお話ししました。そしてもう一つ自分で自分を癒すヒントを差し上げましょう。それは、自分の良いところ、素敵なところ、才能、強み、できること、などを見てあげることです。

人はついつい自分にも他人にも社会にも、悪いところ、問題点、変えるべきところを見てしまいがちです。その悪しき習慣を変えるためには、意識的に自分の良いところを発見する練習をすることが役に立ちます。

自分の良いところはどういうところでしょうか？　素敵なところは？　才能はなんでしょう？　できることはなんですか？　もしかしたらそれはあなたが、弱みだ

と思っているようなところと背中合わせにあるかもしれません。
例えば神経質な人は、繊細で気配り上手で共感能力が高い、とか。考えただけでなく書き出してみましょう。

親切、人が好き、掃除がうまい、
言葉にするのが上手、やさしい、
抽象的なことを理解することができる、
直感的である、人の気持ちに気づく、
気配り上手、おおらか、よく眠れる、
動物と仲良くなれる、子どもに好かれる、
計算が得意、文章がうまい、論理的に考えられる、
詩や歌詞の世界を深く味わえる、美的センスがある、
きれい好き、慎重である、

大胆である、社交性がある、

一人で引きこもってコツコツ作業やものづくりができる、などなど。

自分にとっては当たり前すぎて、気づかないこともあるでしょう。自分ではなかなかわからないときには、ご家族や友人、仕事仲間、など周りの人に尋ねてみてください。少し恥ずかしいと感じる人もいるかもしれませんが、案外みんな喜んで答えてくれるものです。

私の講座でもこのことを周りの人に聞いてみる宿題を出すのですが、みなさん貴重な体験をなさるようです。それはあなた自身には見えないそれらを教えてもらうことで、自分自身の理解が深まり、自己の癒しにもつながることでしょう。

Exercise

① グラウンディングの練習

自分とつながるグラウンディングを練習しましょう。
朝家を出る前にするとその日１日の質が
変わることでしょう。

② 仮面を見つめる

あなたが社会に適応するためにつけてきた
パーソナリティーの「仮面」はなんでしょう？
その向こうにはどんな傷があり、
どんな思い込みを作っているでしょう？

③ 身体を感じる

自分の胸に手を置いて、手のひらの温かさを感じてみます。
それから心臓の鼓動の音を聞きましょう。
あなたは何を感じていますか？
どんなことを望んでいますか？
言葉にしてみましょう。

④ あなたの良いところを書き出す

あなたの良いところ、才能、強み、などを
言葉にして書き出してみましょう。
周りの人５人に尋ねてみましょう。

第3章 あなたにも使える癒しの技術

エネルギーを感じ取る力

ここまで誰の中にでも癒しの力がある、とお伝えしてきましたが、同じように誰もが、通常では目に見えなかったり、感じ取れなかったりするエネルギーや別の次元の存在などを感じ取る力を持っています。

通常の五感を超えて、情報をキャッチする力を超感覚知覚、とすると、ただそれがまだ開発されていないだけなのです。

それではサイキックと言われる人や、透視能力者たちは、実際どのようにエネルギーを知覚しているのでしょうか？　能力はそれぞれ違っていますが、基本は次の六つのタイプに分かれています。

超感覚知覚　六つのタイプ

❶ビジュアル的に見る……　肉眼で実際に見えている状態

❷マインドスクリーンで見る……　夢を見たり妄想したりするときのようにマインドに〝投影〟されている状態

❸耳で聞く……　実際に、耳に何か聞こえてきたりする状態

❹マインドに言葉が入ってくる……　耳では聞こえないがマインドに外から言葉が入ってくる状態

❺体感覚でわかる……　実際に身体で感じる状態

❻ただわかる……　見えても聞こえてもいないが、はっきりとわかり言語化できる状態

この他にも味や匂い、で感知する人もいます。

ただ、こういった能力のある人が何人かいたとしても、みんなが同じように見えたり感じたりしているとは限りません。サイキックと呼ばれている人たちがいたと

しても、見えるものは違っていることは少なくないことでしょう。

それはなぜでしょうか?

それは見るほうの文化背景も含めた信念体系に影響を受けるからです。エネルギーというものは、言語化される前の抽象的状態です。それを読み取って言葉にするときには、どうしても読み取る側の信念体系によって翻訳される、ということが起きます。

ときどき、非常に優れたサイキックなどが、自分が全く意味のわからない外国語をそのままキャッチすることなどはありますが、稀なことですし、キャッチしても、その意味を読み解くときには、どうしてもその人の脳を通ってしまうのです。

ですからあなたがヒーリングだけでなく、エネルギーのリーディングを上達したい、と思うのでしたら、自分とつながり、傷から来る偏った思い込みをクリアにし、ニュートラルに物事を観察できるようになっていく、ということが重要です。自分のものの見方、というフィルターを極力減らし、できる限りニュートラルにエネルギーを観察できるようにするのです。

初心者のヒーリングにおいては、エネルギーのリーディングができる必要はありません。それでも十分にエネルギーを流すことができますし、ヒーリングの効果を実感してもらうこともできることでしょう。

チャクラとは何か？

第1章でお伝えしたように、人には身体に呼応してエネルギーの身体＝オーラがあり、ヒーリングは意図の力を使ってそのエネルギーの身体に働きかけるものです。

ところであなたは「チャクラ」という言葉を聞いたことがありますか？　最近ではこの言葉も一般的になり、あなたも一度くらいは聞いたことがあるのではないでしょうか？

「チャクラ」はサンスクリット（インドの古い言葉）で「渦」「車輪」などの意味を表し、先ほどからお話ししているエネルギーの身体の一部です。

チャクラは身体に呼応した第一チャクラから第七チャクラまで、頭頂に一つ、会陰のところに一つ、それから下腹部、太陽神経叢、胸の中心、喉、額の真ん中、に

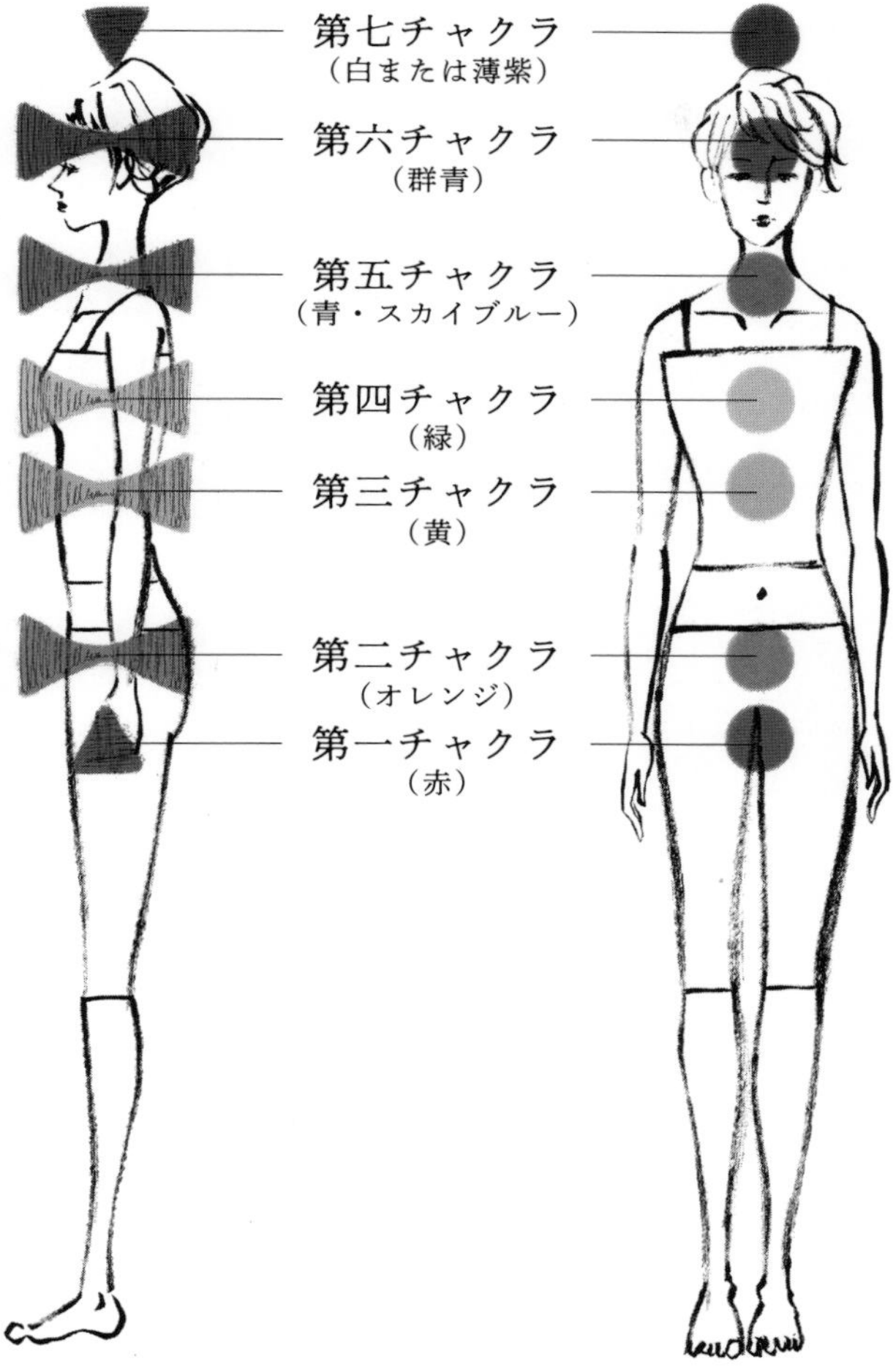
第七チャクラ
（白または薄紫）
第六チャクラ
（群青）
第五チャクラ
（青・スカイブルー）
第四チャクラ
（緑）
第三チャクラ
（黄）
第二チャクラ
（オレンジ）
第一チャクラ
（赤）

身体の前面、背面に対になり基本12個の円錐状のエネルギーの渦です。

私たちはそれらを通して外界とのエネルギー（サンスクリット語ではプラーナ）の交換をしています。人は呼吸をして酸素を取り入れ血液を循環させているだけでなく、チャクラを通してエネルギーを取り入れ、循環させているのです。

それぞれのチャクラは、肉体やその器官を表し、内分泌系とも呼応しているだけでなく、心理的なものも反映されています。チャクラを見ればあなたの人生のどの領域が豊かで、どの領域が課題かなども見て取れます。

また、しばしばチャクラは色で表現されますが、それはオーラのどの次元で見るかによって変わってきます。

一番肉体に近いレベルで見ると、第一チャクラは赤、第二チャクラはオレンジ、第三チャクラは黄色、第四チャクラは緑、第五チャクラは空色、第六チャクラは藍色、第七チャクラは白または紫色に見えます。

七つのチャクラはエネルギーの通り道

エネルギーの出入りする渦としてのチャクラは手のひら、足の裏などを含めて無数にあるのですが、ここでは重要な七つのチャクラ（12個）の位置やそれが司るもの、などについて表にしています（１２５ページ参照）。

チャクラは、時計回りに左右対称に回転しているとき健全な状態でエネルギーを外から健全に取り入れています。

反時計回りのときには、何か不健全な状態です。また、カオスな動きをしたり、エネルギーを取り入れずに動きが全く止まっている場合も少なくありません。

よく「チャクラが開く」という表現がなされますが、実際のところは開く、閉じる、また、一回開いて終わり、のような単純なものではありません。常に振動して動いているものなので、「チャクラが活性化されているかどうか」、という言い方のほうが実際に近いと思います。

また、不健全なチャクラは一部が裂けていたり、傷ついていたり、変形していたりして、肉体レベルにも影響を与えています。肉体の問題、精神の問題はすべて、外に現れる前にチャクラも含めたエネルギーフィールドのレベルで、すでに現れているのです。

例えば、セクシュアリティに課題のある人は第二チャクラの状態に現れています。身体が弱く生命力が低い人は、第一チャクラが止まったままでほとんど動いていなかったりします。

ヒーラーはクライアントのエネルギーのフィールドに働きかけることで、エネルギーフィールドレベルで健全な状態にするのを助け、肉体や精神、現実に変化が起きることを手伝うのです。

チャクラ対応表

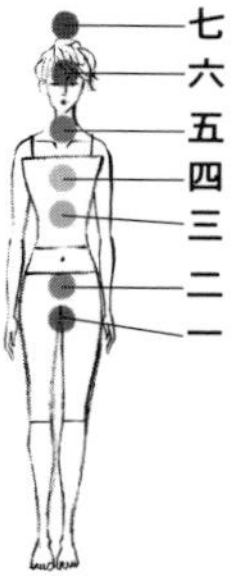

七 白 または 薄紫	頭頂部	霊性、自己超越、神や宇宙との繋がり、自らを神と知る	頭蓋骨の上部、 大脳皮質、 皮膚	大脳皮質	松果体
六 群青	額の眉間より 少し上	未来のビジョン、神のエクスタシー、神聖さを感じる、直感、インスピレーション	頭蓋骨の下部	総頸動脈神経叢	下垂体
五 青 (スカイブルー)	喉	自己表現、コミュニケーション、人生の目的、魂の青写真、言いたいことを言う、本当のことを伝える	口、喉、耳	顎神経叢	甲状腺
四 緑	助骨の真ん中 心臓のあたり	愛、人間関係、感情、他人を思いやる気持ち、他人や家族、動物、モノなどを愛する感情	循環器系、 心臓、肺	心臓神経叢	胸腺
三 黄	太陽神経叢 (みぞおちのあたり)	倫理的思考、個人のちから、信頼、自尊心、意志、自信、自己肯定感	消化器系・筋肉	太陽神経叢	膵臓
二 オレンジ	下腹部 (腰骨より下)	セクシャリティ、官能、性的感覚、自分をどう感じるかという感情(恥、自己嫌悪、体にいることの喜びなど)	泌尿生殖器系	腰神経叢	生殖器
一 赤	会陰 (肛門と性器の間)	生命力の源、生存、肉体的欲求、サバイバル(生き残り)、生きる意志、地球や土地とのつながり	骨、 骨格、足	仙骨神経叢	副腎

この後にお伝えするヒーリングの方法では、あなたは細かいチャクラの状態がわかる必要はありません。それでもお伝えした方法を忠実に行えば、必ずヒーリングは起こります。そしてあなたがグラウンディングしてクライアントとともにあり、エネルギーワークをしていると、自然と浮かび上がるかのようにあなたの能力が開き、見えてくるものがあるのはよくあることです。

能力を開くためには、期待しすぎず、意志の力でがんばりすぎないようにしましょう。リラックスして信頼していることのほうが、役に立ちます。

チャクラを活性化する方法

チャクラは、ヒーリングを受けることでチャージ（エネルギーを満たす）、浄化、調整することができますが、マッサージを受けたり、感動したり、心が洗われるような体験をしたり、運動したりすることでもポジティブな変化が起きます。

それぞれのチャクラの活性化を助ける体操や瞑想法などはいろいろありますが、ここでは、簡単にできる二つのチャクラを活性化する方法をお伝えします。グラウンディングを助け、地に足をつけて安心安全の感覚を育て、生きる力を呼び覚ますための第一チャクラを活性化するエクササイズと、他の人や人生に心を開いて愛することを可能にする第四チャクラを活性化するエクササイズをお伝えしましょう。

第一チャクラの活性化、グラウンディング

私たちが思考優位になりすぎ頭がぐるぐるしてしまったり、興奮して焦っているときなど、あなたの意識エネルギーは上方に偏り、足元が弱くなります。

また、日頃から歩くなど下半身を使った行いをしていない人は、足腰が弱っているだけでなく、エネルギーレベルの身体も弱り、第一チャクラから大地からのエネルギーを取り入れられない状態にあります。

混乱する思考を落ち着け、身体感覚を深め、生命力を補充する手始めとしてこれらの第一チャクラのエクササイズは有効です。時間のないときは30秒でも効果があります。
③の足と仲良くなるエクササイズは、片足ずつ行います。
終わったら左右の違いを確認します。見ため、色、重さ、違いを確認したら、次は逆の足も同じようにやりましょう。お風呂の中でやってもよいです。

足のエクササイズ

① かかと上げ下げ

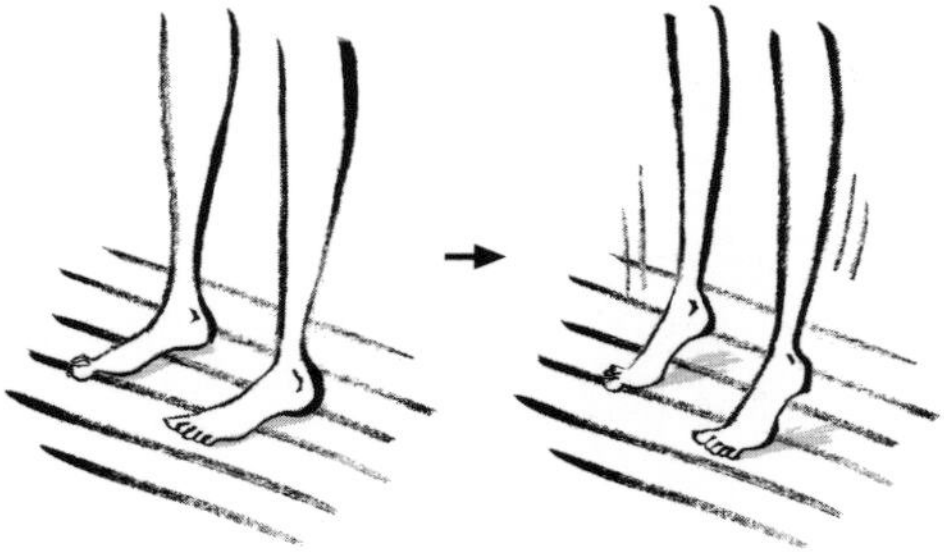

硬い床の上で（布団の上とかではなく）足を軽く広げて立ち、両足のかかとを上げ下げします。これを繰り返します（10回×5）。

② 片足ずつの負荷

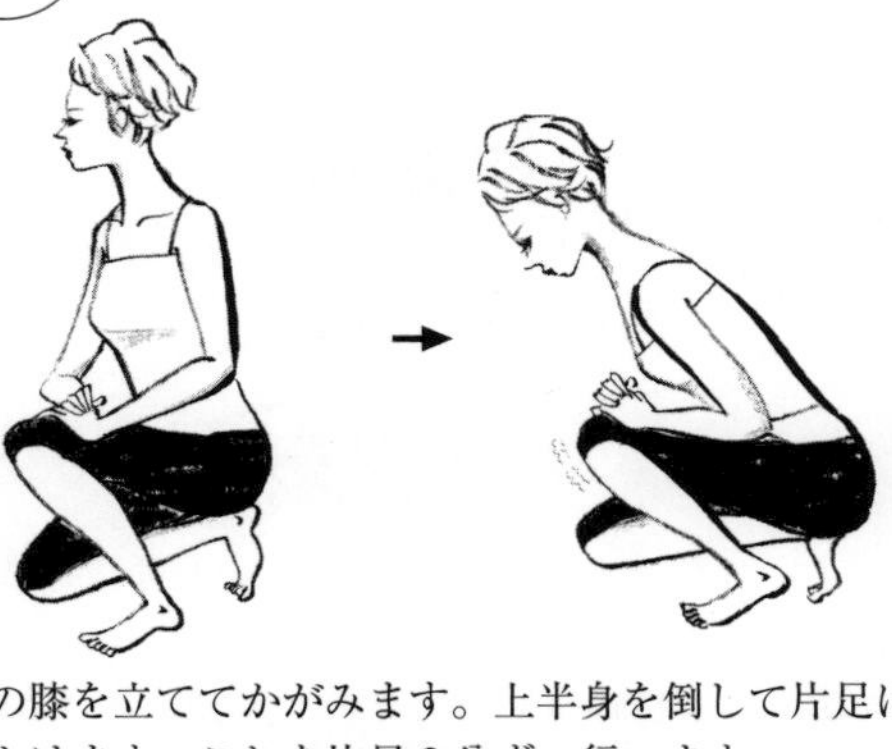

片方の膝を立ててかがみます。上半身を倒して片足に体重をかけます。これを片足2分ずつ行います。

③ 足と仲良くなる

まず、あぐらをかいて座ります。そして、靴下を脱いで、足を眺めてみましょう。自分の身体を支えてくれている足をじっくり眺めていると、「いつもありがとう」という気持ちになる人もいるかもしれません。

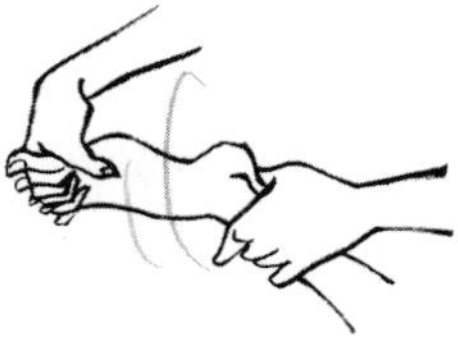

❶左の足の指と指の間に右の手の指を入れて、ぎゅっとつかみ、足首をぐるっと回しましょう。「あー」など声が出たら出します。逆回しも行います。

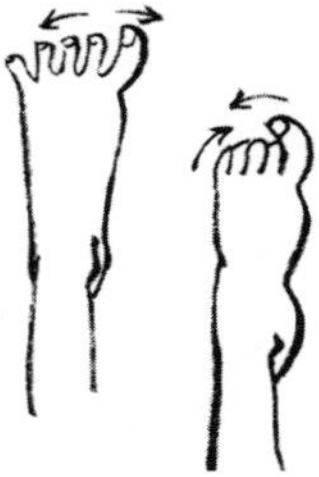

❷足の指を左右前後に開きます。足に話しかけながら行います。

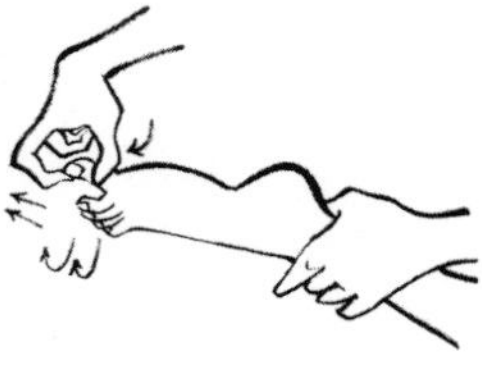

❸足の指一本一本からいらなくなったエネルギーを抜くことを意図し、指を根本からくるくると回しながらひっぱり飛ばします。

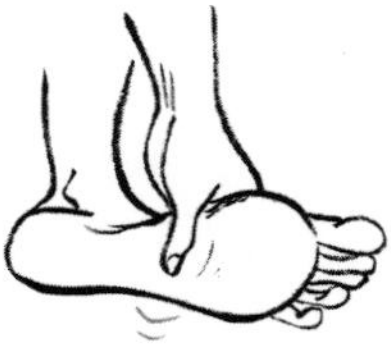

❹足の裏を揉んだり、叩いたり、こすったりします。

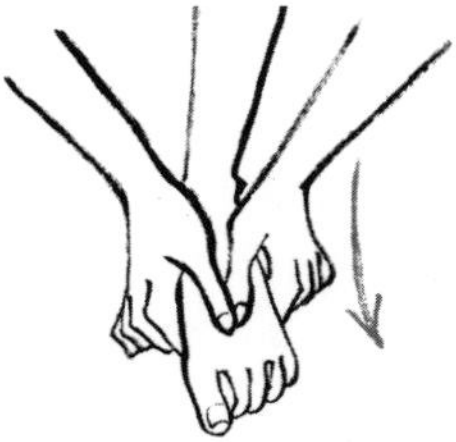

❺足の甲を、足首から足の指の方向に向けて、指を皮膚にこすりつけるようにしてすべらせます。

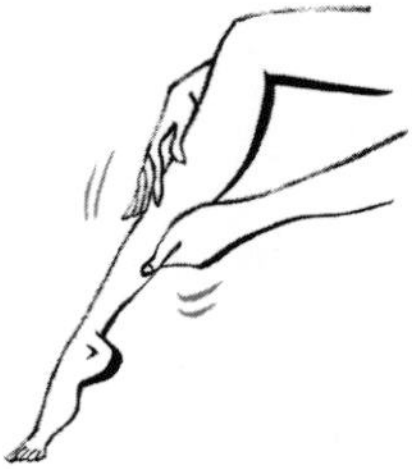

❻ふくらはぎを揉んだり、押したりします。

第四チャクラ（ハートチャクラ）を開く

ハートのためのワークには、様々な種類のものがありますが、まずは物理的に肉体のレベルからアプローチしていきましょう。

私たちは気づかないうちに、胸のあたりが硬くなったり、縮んでいたりする場合があります。人は恐怖や悲しみなど、そのとき本当に感じている感情を、肩をすぼめたり、呼吸を浅くしたりすることで感じないようにします。そうすると身体はストレスを感じ筋肉は収縮しそれが身体に記憶として残ります。

猫や鳥などがプルプルッと身体を震わせているのを見たことがありますか？　そうすることで彼らは、そのストレスを瞬時に解放しているのですが、人間はそうはいきません。

これは意識して身体を緩めることでハートのチャクラもまた活性化するやり方で

す。あなたの胸のあたりに筋肉の収縮があるときには、肩や背中も同時に硬くなっているかもしれません。

それはあなたの感受性を低くし、人とつながることを難しくしたり、人生を楽しむ力を失わせたりします。自分が何をしたいのかがわからず、感動のない毎日になるのは、ハートチャクラが閉じているからです。

次ページからのポーズをとりゆっくり呼吸することで、胸のあたりにスペースができたように感じ、自然に身体が緩んでいくことをゆるしましょう。それは、あなたの愛する力を高めることを助けてくれるでしょう。

ハートを開くポーズ

① 仰向けになる

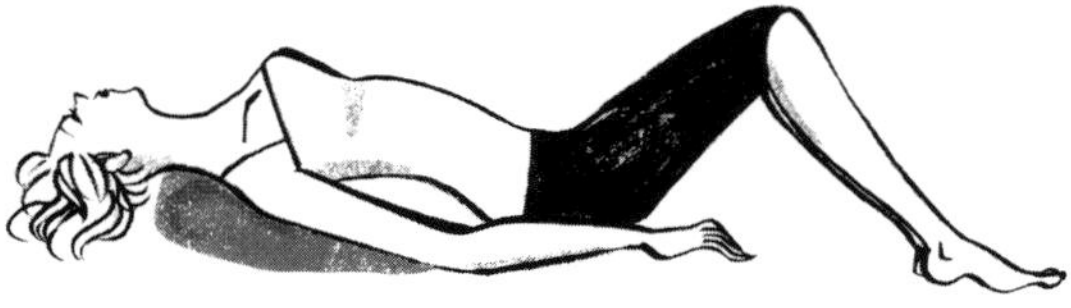

クッションや座布団を背中に敷いて、仰向けになります。

② 両腕を上げる

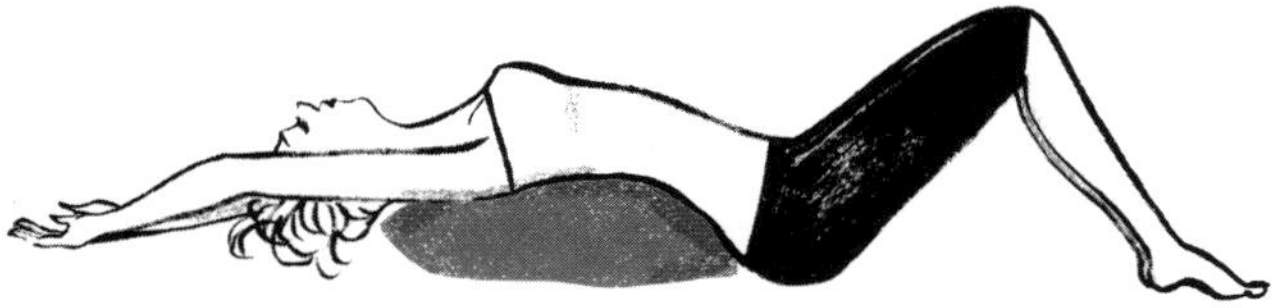

両腕を上にあげゆっくり深い呼吸を自分のペースで繰り返します。

③ 呼吸をし続ける

2、3分そこに留まります。呼吸をし続けることで、ゆっくりと胸のあたりが広がっていくことを感じられることでしょう。

胸を開き背中を意識するストレッチ

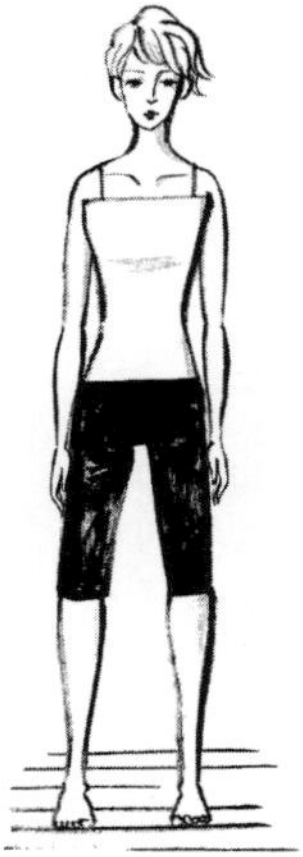

1

力を抜いて立つ

足を腰幅に開き、膝を自然にゆるめて立ちます。肩の力を抜き、両手をぶらりと自然に垂らします。

2

両腕をひねる

手のひらを外側に向けるような感じで両腕をひねります。
＊右手は時計回り、左手はその反対方向に回します。

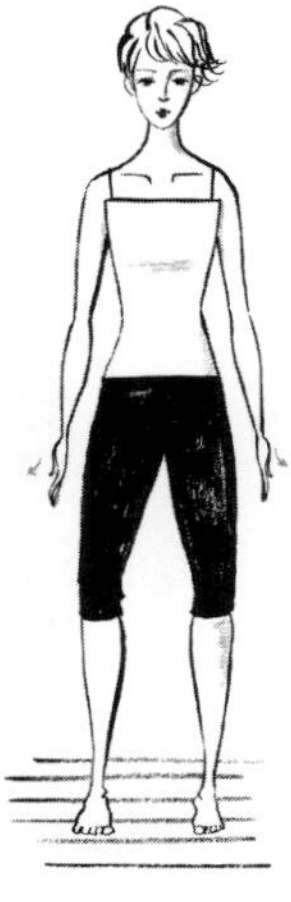

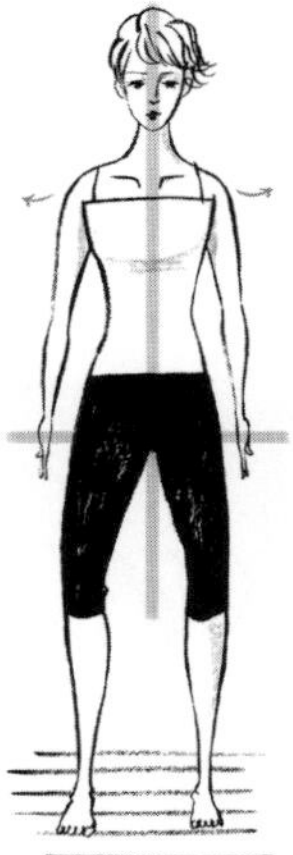

3

胸を広げる

②の状態で腕を少し後ろに引き、胸を広げます。背中が丸くならないように中心軸と尾骨を感じながらやりましょう。

エネルギーの中心軸を強める丹田のエクササイズ

丹田というのは武術をやる方ならお馴染みの、身体の重心点であり、身体におけるエネルギー的パワースポットのようなものです。

丹田、という身体の部位はありませんが、古来、東洋人はこの存在を知っていました。日頃から丹田を意識するだけでも、落ち着き、思考に支配されづらくなることで、人生の選択を自分でしている感覚が出てきます。

第2章でお伝えしたグラウンディングは、身体の全部を感じることが基本ですが、特にこの丹田の意識を強めることで、グラウンディングはより深まっていきます。

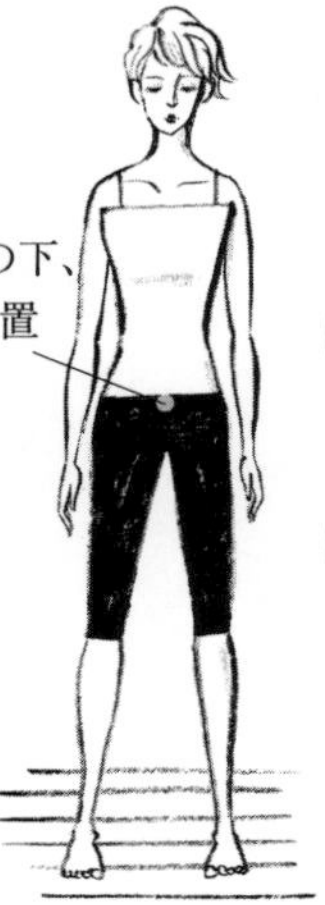

1　両足を肩幅くらいに開き、足は平行にして立ちます。

2　上半身の力を抜き丹田に意識を向けます。

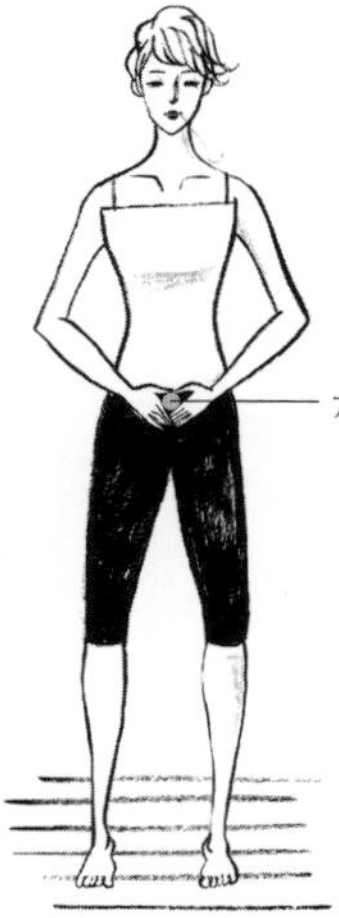

3　両手を丹田に置いて腰を落とします。膝は緩めておきます。

4　次に丹田に意識を向け続けたまま、鼻から息を静かに吐くとともに下腹に力を入れていきます。

5　息を吐ききったら、下腹部の力を抜いて鼻からゆっくりと息を吸います。

6　④と⑤を1分から5分ほど続けます。

手を使って触れる（ハンズオン）ヒーリングの練習

それではいよいよあなたの「手」を使って、人の身体に触れて実際にヒーリングする方法を学びましょう。ここまでよく読んできてくださいました。あなたはこの準備のために、チャクラを活性化し、グラウンディングを深めてきたのです。ヒーラーであるために、ヒーリングを他者に提供するために、自分を癒し、自分とつながり、自分を整えることが最重要です。だからこそ時間をかけここまで準備をしてきたのです。

とは言え、それが完璧でなくても、まだ実際それをやっていなくてもヒーリングができない、というわけではありません。

さあ、さらに読み進めていただきながら、あなたの内側にすでにいるヒーラーを目覚めさせ、呼び覚ますことをお手伝いしていきますね。

ヒーリングの準備としては、第2章の97～103ページでお伝えした「グラウンディング」から始めます。1にグラウンディング、2にグラウンディング、3、4がなくて、5にグラウンディング。朝ごはん前に、食後に、眠る前に、とにかくとにかくグラウンディングを習慣にしましょう！　グラウンディングはあなたを自分自身とつなげる一番の近道です。

そして、もしもあなたがそれまで座りっぱなしの時間が多かったり、ストレス下にあったりする場合には、これまでにお伝えしたエクササイズ（128～137ページ参照）を、このヒーリングの前にやってみてください。散歩に行ったり、軽くジョギングしたりしたのち、簡単なストレッチやヨガのポーズをしたりして身体を整えてから行うのも効果的です。

ハンズオンヒーリングの準備

ヒーリングをするためには、まず自分と環境を整えてください。

自分の状態を良くしていくためには、第2章でお伝えしたグラウンディングを徹底的にすることです。しつこいようですが、それは反復練習によって深め、身につけられるものです。

ヒーリングセッションの最初の練習のために、まずはぬいぐるみや枕などを準備しましょう！

❶場を浄化する

ヒーリングが行われる場所をまずは物理的にキレイにしましょう。そう、お掃除です！　清めるような気持ちで部屋のお掃除をし、整理整頓して空間を整えることが大切です。掃除をする、というシンプルな行為だけで空間が浄化されることはあなたにも感じられることでしょう。それはあなたが超感覚知覚を使っている、ということです。

もし手元にあれば、乾燥させたホワイトセージの葉っぱに火をつけ、窓を開け、煙で部屋全体を浄化します。特に部屋の四隅まで意識を行き渡らせてください。ホワイトセージはネイティブアメリカンが、神聖な儀式のための浄化などに使った聖なるハーブです。煙がたくさん出ますし、火の粉が散る場合もあるので気をつけてください。

❷手の準備体操

手を使うヒーリングですので、手の感受性を上げるための簡単な体操をします。

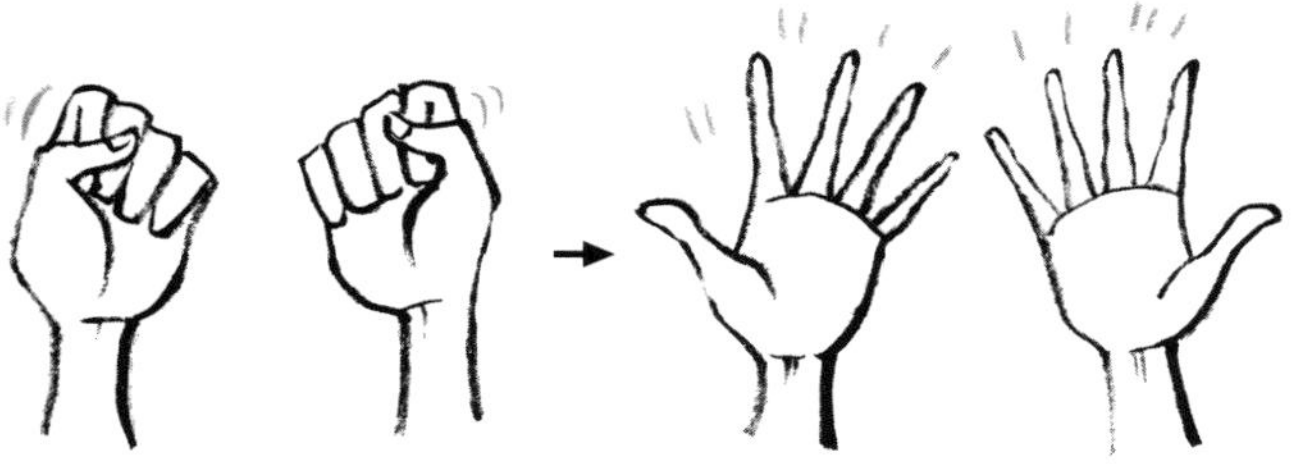

① 両手グーパー

手をぎゅーっと握り、パーッと広げる。その繰り返しを20回。

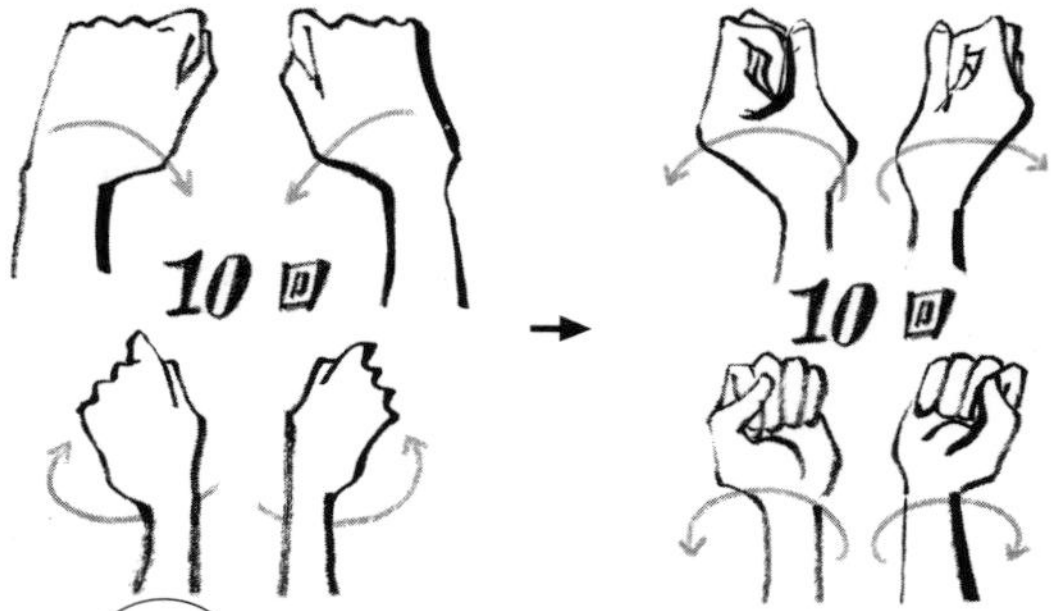

② 手首ぐるぐる

手首を回します。最初に10回内回し、それから10回外回し。肘は軽く曲げておきます。

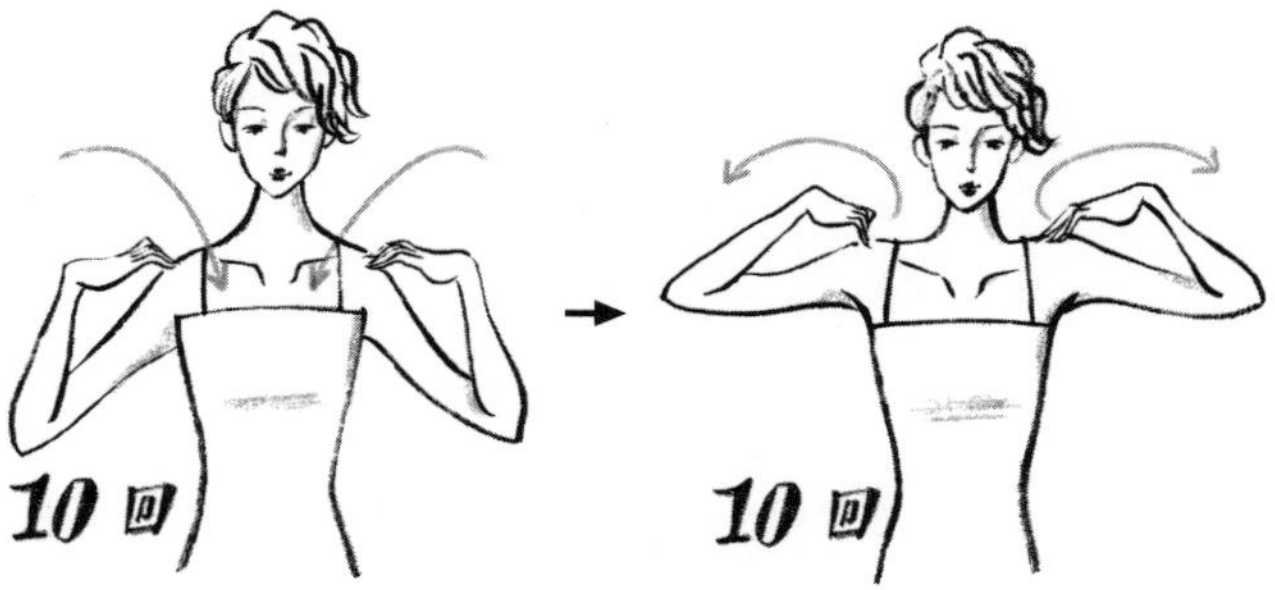

③ 肩回し

肩を回します。指先を肩に置き、前回し10回、後ろ回し10回。

④ もう一度何度かグーパーしてから、手のひらを感じてみます。

❸丁寧にグラウンディング

第2章でお伝えしたグラウンディング（97～103ページ参照）をじっくり丁寧にします。手のひらや甲、指先も感じてください。

少し腰を落とし、丹田に意識を向け続けます。

❹神聖な意図を立てる

グラウンディングをして身体レベルでエネルギーの整合を感じられたら、中心軸を感じながらヒーリングのための意図を立ててください。どのような状態でありたいか、どういう結果が欲しいか、を「～します」というシンプルな宣言の形で心の中で言葉にします。

❺神聖なエネルギーで満たし、エネルギー的境界線を作る

部屋の四隅を神聖なエネルギーで満たすと意図してください。そうすることで東西南北とその間の八方向にわたって神聖なエネルギーで満たされることを同時に意図してください。イエス・キリスト、聖母マリア、大天使ミカエル、といったあなたが近しく感じる霊的存在に波長を合わせ（意図することで）そのエネルギーとつながってもいいでしょう。

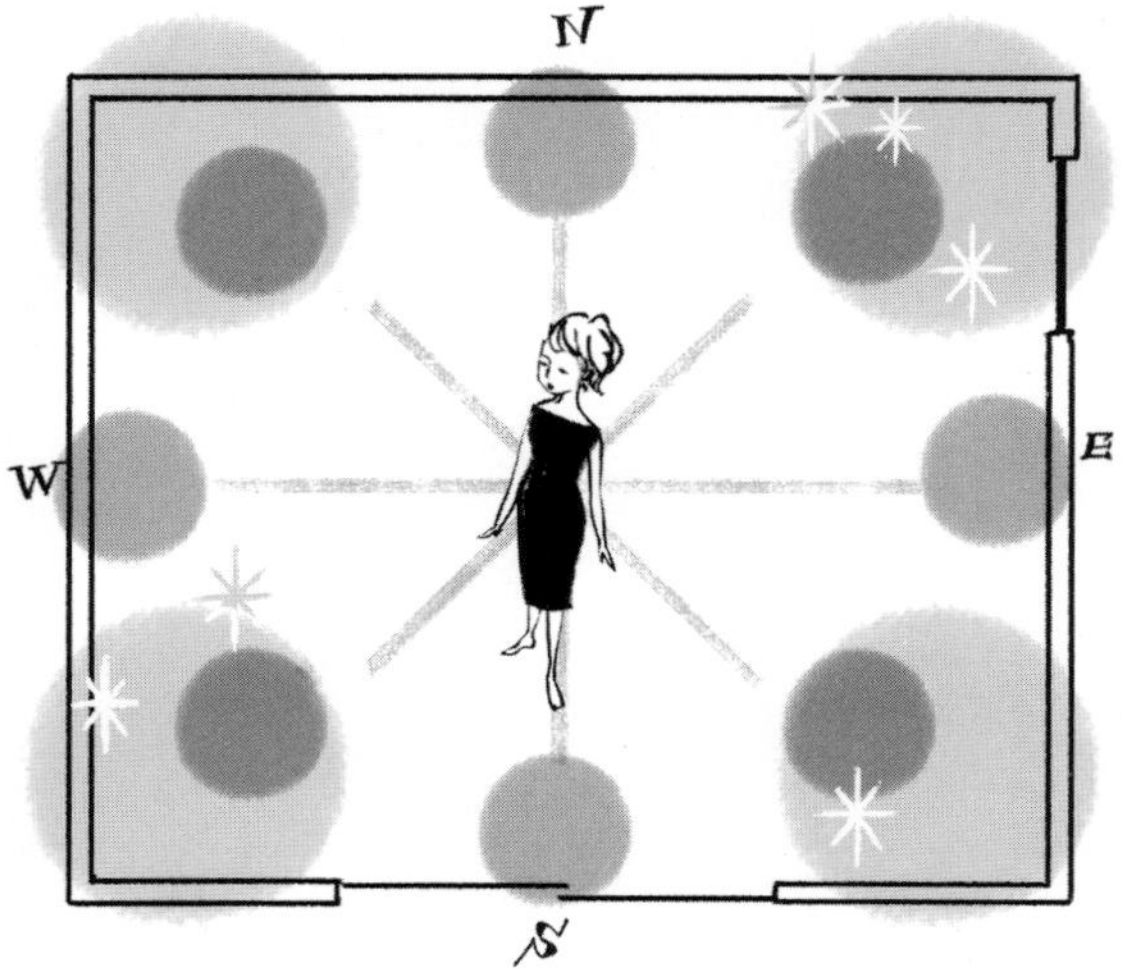

❻祈り

もう一度グラウンディングし、中心軸を整えてからお祈りします。この祈りは創造主、あなたの信じる最高の神様、にでもいいですし、宇宙でもいいですし、大いなる流れ、でもいいです。

この祈りはあなたの思いをのせたあなたの言葉で作るのが一番ですが、一例をシェアしますね。

「今日ここにある貴重な機会に感謝します。

私は期待、うまくやらねばというエゴ、

結果への執着を手放し

ただただ宇宙の采配を信頼します。

このヒーリングが受け手にとっての
最高最善となりますよう
お導きください。
私は聖なる癒しのエネルギーの
純粋な導管となり
心を込めて奉仕します。
どうぞ私を癒しの道具として
お使いください。
ここにある祝福に
心からの感謝を捧げます。

ありがとうございます。」

ヒーリングのエネルギー、四つのモード

ここでヒーリングのためのエネルギーの使い方についてお知らせしますね。ヒーラーが手を使ってヒーリングをするときに使うエネルギーのモードは、四つあります。

❶押す
❷引く
❸止める
❹流れるままにする

四つだけですか？
はい！　この四つだけなんです。

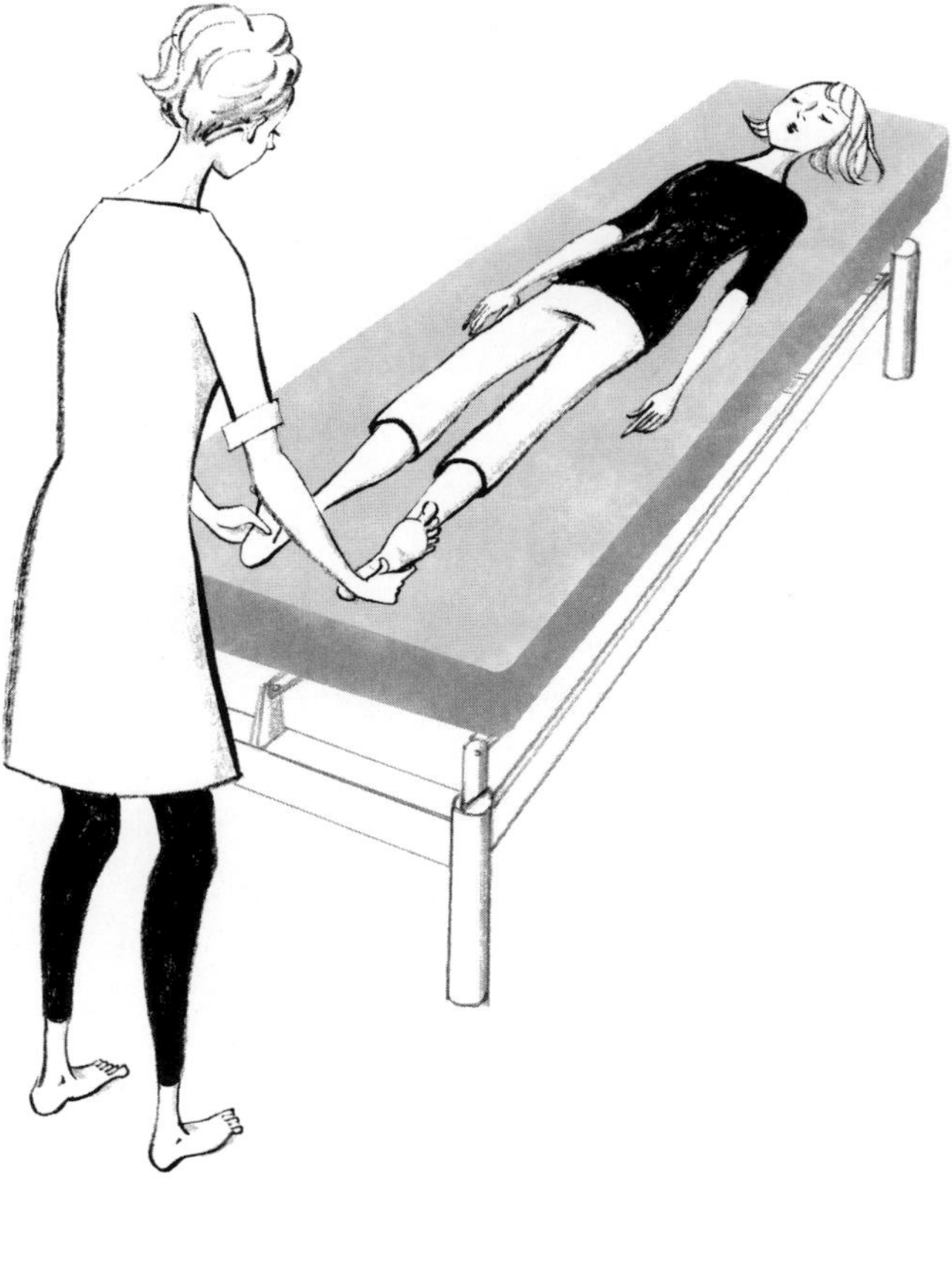

まずはこれをぬいぐるみや枕などを使って練習してみましょう。この場合ぬいぐるみや枕は、クライアントの代理です。

ヒーリングの準備をし、準備ができたと感じたら順を追ってやったグラウンディングの状態を覚えておきます。もしも意識がブレたらまたその状態に戻るということを繰り返すことで保ちながら、対象にそっと静かに手を置きます。別のことを考え出したり、外で起きていることに気をとられるようでしたら、グラウンディングが外れているということになりますので、また身体のほうに意識を向けて戻ってきましょう。

それから意図の力で対象とつながります。

そう意図するとあなたの手を通して対象に、エネルギーが流れていくことを感じられることでしょう。そのままクライアントと一緒にいてください。はじめはよくわからなくても大丈夫です。エネルギーは流れています。ただ信頼してクライアントとともにありましょう。

繰り返すうちにあなたのエネルギーへの感度は上がっていきます。ドラマチックなことを期待するのはやめて、小さな変化に気づいてみてください。あなたの身体はどんな感じがしますか？　クライアントと自分の手の接地面はどんな感覚がありますか？　それは温かいですか？　はじめはとにかく「なんとなく」を大事にしてください。疑う気持ちになったら「好奇心」へと置き換えます。興味を持って眺めてみるのです。

それからこの意図の力を使って、エネルギーを押す、引く、止める、流れるままにする、というのをランダムに繰り返し練習してください。ただ押す、と押してそうなるのを信頼する、引く、と決めてそうなると信頼している、です。第1章でお話ししたことを覚えていますか？　左手を上げるために、大抵の人は必死になる必要がないように、回路ができればそれは、心でそう決めただけでエネルギーが動くようになるのですから。繰り返し練習してください。

次に意図の力を使って、あなたのエネルギーの手を、対象の身体でありエネルギーの身体の中に沈めていくのです。つながりを深くする、という意味でもあります。

さらにエネルギーの流れるままにして、ただただ対象と一緒にいます。

❶手を置く
❷エネルギー的につなげる
❸エネルギーの流れるままにする
❹沈める（意識を深めつながりを深める）
❺エネルギーの流れるままにする

これだけです。

しかしながらこのシンプルなことを実際に起きるようにするためには、これまでお伝えしたエクササイズと、特にグラウンディングを念入りにすることは必須です。これを怠った上で「何も感じませんでした」と言うのはやめましょう。繰り返し練習すれば必ずエネルギーの流れる回路ができていき、練習するごとに強化されていきます。

その後終了したいときには、

❻エネルギーの手を身体からゆっくりと抜いてくる
❼エネルギーのつながりを切ると意図してそうする

このように、きちんとエネルギーのつながりを切って終了することがとても重要です。

セルフヒーリングの実践

人を癒すことを手伝うヒーラーになるためには、まずは自分が癒されることが大切だ、とお伝えしてきました。そこであなたがお家で一人でできる、「セルフヒーリング」の方法をお伝えします。

あなたのオーラの滞りを自分の手を通してエネルギーを流して解消し、痛みを軽減したり、自然治癒力を高めたりすることができます。

また悲しみで胸が痛むときなどにも役に立ちますし、何も具合が悪いところを感じていないときでも、あなたの生命力を活性化したり、感情が自由に流れたりすることを助けます。

❶まずは横になりましょう。座ってもできないことはありませんが、横になったほうが身体に余計な力がかからずリラックスできます。

❷身体全体にさっと意識を向けることでスキャンし、痛いところ、気になるところを見つけます。「なんとなく」を信じてみましょう。

❸自分を癒すという意図のもとにその部分に手を置きます。

❹手と身体のその部分をつなげると意図します。

❺手から身体へとエネルギーの流れるままにします。

❻エネルギーの手を身体に沈めていきます（意識を深めつながりを深める）。

❼また、エネルギーの流れるままにします。

そのまま寝てしまうことがあっても大丈夫です。

しかし、さあ、終わろう、ということになりましたら、

❽終了を意図して、エネルギーの手を「ゆっくり」身体から引き抜きます。

❾エネルギーを止め、終了します。

以上です。

もしかしたらあなたの手が熱くなってきたり、触れられているほうの身体がじんわり温かくなったり、チリチリとしたエネルギーの流れを感じたりするかもしれません。呼吸が深くなり、リラックスし、眠ってしまうかもしれません。大丈夫です。ただ受け取りましょう。

そして終わった後には、ヒーリングをする前とどういう変化があったかに意識を向け、言葉にしてみましょう。身体が軽くなった、胸のあたりが温かくなった、頭がスッキリした、痛みが緩和された、などなど。言葉にすることで起きた変化をより受け取れるようになります。

ヒーリング実践の流れ

もしもあなたがグラウンディングの練習を続け、自分を癒し、自分とのつながりが深まってきたと感じられたとしたら、今度は実際の人に手を当ててヒーリングの練習をしてみましょう。

今の時点では、病気の方やそうでなくても心や身体の具合の悪い方への提供は、しないでください。あなたと同じようにヒーリングに興味がある仲間や友達にお願いして、実験台になってもらいましょう。

そのために一番大事なのは、静かでいい環境のお部屋と、あなたが30分ほど立ってヒーリングをしていても大丈夫な高さのヒーリングベッドです。ヒーリング専用の、その人の身長に合わせて高さの変えられるプロフェッショナル仕様のヒーリングベッドが理想ですが（中古で手頃なものが手に入ります）、そうでなければ脚のしっかりした会議テーブル（人が乗っても崩れ落ちたりしない、ストッパーのついたもの）でも代用できます。

床に敷いた布団の上などでは、あなたの身体に負担がかかることで、エネルギーがうまく流せなくなりますので、決してしないでください。

手順どおりに進めれば大丈夫ですので、怖がらずにやってみましょう。最悪起こりうることは、エネルギーが全く流れずに、ただクライアント役の人の身体に、手を置いただけで終わった、ということくらいですから。

実際のセッションは以下のように進んでいきます。

❶クライアントがお部屋に入って来たら、挨拶をして椅子に座ってもらいます。真正面で向き合うよりも少しだけ角度をつけて座ったほうが、クライアントがリラッ

クスする確率が上がります。

❷それからクライアントがどんな課題を持ってここにやって来て、どんなことを望んでいるかを話してもらいましょう。

アドバイスをしてはいけません。エネルギーリーディングやスピリチュアルガイダンスをする場合は別ですが自分のパーソナリティーからのアドバイスは厳禁です。ただただ黙って相手の話を聞き、もしもわからないことがあれば理解するためにだけ質問をします。

課題を正しく理解したかどうかを確認するために、クライアントが実際に使った言葉をリピートして確認します。

あらかじめセッションの時間を決めておきます。もしも60分のセッション時間だとしたら、最初のお話は15分以内に留めます。

❸クライアントにこれからヒーリング用のベッドに寝てもらい、服の上から身体に触れることをお伝えし、同意をもらいます。

❹実際に横になってもらいます。

ベッドは、あなたがクライアントの身体に手を置くときに腰に負担がかからないような高さにしましょう。繰り返しますが、床の上、布団の上などではヒーラーの身体に負担がかかることで良いエネルギー循環が生み出せない可能性があるので、避けましょう。

キレーションヒーリング

それではプロフェッショナルなヒーラーはどのようなヒーリングのテクニックを使っているのでしょうか？

ここで一つ重要なヒーリングテクニックの手順を簡単にお伝えしましょう。

ただし、実際にこれに関しては本だけですべて説明するのはチャレンジングですので、簡易バージョンのやり方もお伝えします。ここでは、そちらのほうを練習してください。

キレーションとは統合医学で重金属を排出する点滴療法などにも使われる言葉で、カニのハサミのようなもので摑んで挟むところからきています。オーラを浄化しエネルギーチャージをします。『光の輪』（太陽出版）の著者であるロザリン・ブリエールという著名なヒーラーがスピリットの導きによって生み出したシンプルかつパワフルなヒーリングの方法です。バーバラ・アン・ブレナンや彼女に影響されたヒーラーたちもまたよく使うヒーリングの基礎のやり方です。

ここではロザリンや、バーバラが教えていることから私自身が自分の20年以上のヒーラーとしてのプラクティスの中で、初心者でもできやすいようにアレンジした方法を「キレーションヒーリング」としてお伝えします。

キレーションヒーリングをすることでクライアントは、オーラを浄化、修復、エネルギーで満たすだけでなく魂の深い場所を旅します。終了後には「気持ちの良さ」とともに「どこか遠くへ行っていたようだ」というのがよくあるご感想です。

それでは以下手順をお伝えします。簡易バージョンは、❶〜❹までが終わったら飛ばして⓮へ移ります。これだけの手順でもしっかりとグラウンディングをし、あなたの手とクライアントの身体（エネルギーの手をエネルギーの身体）にエネルギー的なつながりを作ることができれば、十分効果のあるヒーリングとなることでしょう。

❶ベッドに横たわっているクライアントの足元に立ちグラウンディングします。

❷中心軸を感じながら胸の前で手を合わせ祈りの言葉を捧げます。

❸グラウンディングを保ったまま両手に意識を向け、一歩前に出てクライアントのそれぞれの足の裏に親指を甲に後の4本の指を置きます。

a手を置く（身体に触れる）

クライアントの魂の神聖さに焦点を合わせ、その身体にそっと手を置きます。手を強くにぎったり、圧をかけたりする必要はありません。肩の力を抜き、特に手首をリラックスさせましょう。

b エネルギー的につなげる

c エネルギーの流れるままにする

d 沈める（意識を深めつながりを深める）

e エネルギーの流れるままにする

f 手のポジションを変えるときと、終了するときにはエネルギーの手を身体からゆっくりと抜いて次の手のポジションに移る

❹終了するとき

エネルギーのつながりを切る、と意図してそうする。

初心者の方はここまでできれば大成功！

❶〜❹までが終わったら、❺〜⓭までは飛ばして⓮へ移ります。

❺足首

❻膝

❼骨盤

❽骨盤↓第一チャクラ

❾第一チャクラ↓第二チャクラ

❿第三チャクラ↓第四チャクラ

⓫手のひら→肘の内側→肩

⓬首、喉

⓭こめかみ

の順で実際身体に触れながらエネルギーを流していきます。

⓮こめかみまで終わったら、手を身体からそっと離し、肩のあたり身体から15センチほど離れた場所に手を置き、動いたエネルギーが統合され馴染むことを助けます。押したり引いたり、コンタクトを深めたりはしません。

ただ統合（今したエネルギーワークが身体や心と馴染むこと）を意図して1、2分そこに留まります。

⓯それから終了を意図し、自分の手とクライアントのオーラを同調させ続けながら、広げた手をゆっくりと戻し、身体の前で合わせます。それとともに、オーラを閉じると意図してそうなるのを見届けたら、クライアントとの接続を切っていきます。

⓰最後に合わせた手を祈りのポーズにして、感謝で締めくくります。

ヒーリング終了後は5分程度静かに寝かせておいてあげてください。そのことでエネルギーフィールドが更に安定するのを助けます。

クライアントは非常に深い意識状態にいますので、大声で起こしたり、トントンと肩を叩いたりしないでくださいね。静かに肩に手を触れるか、そっと囁く程度でも十分目を覚ますことでしょう。

ヒーリングベッドから降りたクライアントが自然にグラウンディングするのを待ち相手の準備ができたらそっと目を合わせます。

強引に目を合わせようとしたり、まだ自分の中深くにいるクライアントの意識を無理やり外に向けさせようとしたりしないでください。この時間にヒーラーがどう振る舞うかはとてもとても大切です。生まれ変わったような体験をしているクライアントの今の状態に注意を払い、最大限尊重しましょう。

それからクライアントが今どんな感じがするか、を尋ねましょう。身体に意識を向けてもらうということです。そしてあなたのほうからどうしても伝えるべきことがあれば短い言葉で簡潔に伝え、感謝をして終了です。

クライアントが現れてからサヨナラを言って帰るそのときまで、あなたは心を開いて、相手のためだけに存在してください。

ヒーリングは以上です。

ヒーリングが終了した後のクライアントには、グラス一杯の常温のお水をお勧めします。その後も、こまめに水分をお水で補給することが大事なことをお伝えください。

エネルギーヒーリングの効果は48時間続きます。その間とても繊細な状態になる人もいますので、怖い映画やハラハラドキドキのアクション映画などという刺激の強い映像を見ることはやめるようにお伝えください。

また、たまにオーラが大きく拡張して多幸感を持つ人もいますので、48時間は大きな買い物や、大事な決断、パートナーなどとの口論は避けて、ゆったりと1日を過ごすようにお勧めしてください。

ヒーリングを提供したあなた自身も、受け取った人と同じくらい繊細になることがあります。クライアントさんと一緒のときには、あなたのすべてでクライアントのために存在していましたが、今度はあなたがあなたをねぎらう番です。まずはヒーリングを提供させてもらった自分を「よくやった」と褒め、自分がゆったりと楽しめる時間をとりましょう。

遠隔ヒーリング

エネルギーは意図を持つことで、その方向に流れるようにできますが、それは時間や距離をも超えます。どういうことでしょうか？　あなたがここまで学んだヒーリングの方法は、実際にクライアントが部屋の中におらず、離れた場所にいても実行することができるということです。科学的には量子力学で説明でき、実験も行われ証明もされています。それでも一般的にはまだまだ意味のわからないこととされていることでしょうけれど、ご自身の手でぜひ試してみてください。

私はこれまで遠く離れている人の身体に触れることなく何千人もの方にヒーリングを提供してきました。そして多くの方にヒーリングの最中に実際エネルギーを流されている体感があったり、それによって傷というブロックが溶け、涙するなど感情的な解放があったりという報告を受けています。その後、痛みが軽減したり、幸運が舞い込んできたり、という効果の報告もまた受けています。

誰もが最初からそのような効果的なヒーリングをできるわけではありませんが、これもまた練習し、実際のヒーリングを続けていくことで深まっていくことでしょう。やってみてください。

やり方は同じです。目の前にクライアントの身体が物理的にあるか、ないか、の違いだけです。

クライアント役には、静かでゆっくりできるお部屋で一人で横になってもらいます。あなたはあたかもクライアントの身体が目の前にあるかのように想像し、対面であるときと全く同じようにクライアントのエネルギーフィールドとつながり、足から順に丁寧にエネルギーを流していきます。ここで大事なのは、双方の間に「同意」があるかどうかです。ヒーラーは「同意」なく勝手に人にエネルギーを送ってはいけません。もし誰かを思う気持ちがあって、それを表現したいとしたら、同意なくエネルギーを送るのではなく神聖な気持ちでお祈りを送ることにしましょう。

あなたは意図することでエネルギーを流したりすることができるし、それは遠隔でも可能だということがわかりました。ということはあなたの意識は、他の人に伝わる、ということです。ですからあなたがヒーラーとしてではなくても一人の人間としてどのような心の状態であるか、ということは他の人、特に親しい人に影響を与えているということを知っていてください。

それは今ここにある感情を抑圧して我慢する、ということではありません。そのような感情に気づいたら、それを自分のものとして扱い、自分をいい状態にすることに意思の力を使うといいよ、ということです。

Exercise

① エネルギーを流す練習をしてみよう

誰か仲間を見つけて、
お互いエネルギーを流し合ってみます。
向かい合って座り、送り手は手を下に、
受け手は手を上に向けます。
送り手はこれまで習ったエネルギーでつながり、押す、引く、止める、流れるままにする（P.148 〜 153）の
エクササイズの❶〜❼を実際にやってみます。
気が散ったり、考えがぐるぐるしたり、
ぼーっとしてきたら、またグラウンディングし直します。
終わったら役割を変えて、お互いどんな体験をしたのかをシェアし合いましょう。

② ①でやったエクササイズを今度は遠隔でやってみよう

どんな経験をしたかをシェアし合います。

第4章

プロフェッショナル・ヒーラーになりたいあなたのために

プロのヒーラーになるために、知っておきたいこと

ここまで何度もお伝えしてきたように、どんな方でもヒーラーになれます。ヒーラーであることに目覚めることができます。そして、私たちの内側深く、まだ気づいていないところでは、誰もがすでにみなヒーラーなのです。

もしあなたがすでにヒーラーだとしてもプロフェッショナルとしてヒーリングの仕事をするためには、癒しの技術以外に知っておかなければならないことがあります。

この章では、プロヒーラーの心得として13項目をあげます。

❶存在する／ともにある／一緒にいる
❷話を聞く／ともにある／一緒にいる
❸境界線の概念
❹転移と逆転移

❺無条件に与え、豊かさをお金という形で循環する
❻スーパービジョンを受ける
❼コミュニティーを持つ
❽誰のために？
❾セルフケアの重要性
❿あなたが手伝える人、手伝えない人
⓫ヒーラーのマインドセット
⓬能力の開いたものとしてやってはいけないこと
⓭守秘義務

これらの項目の多くは、対人援助の仕事をしている方々はもちろん、普段社会で人と関わりを持つすべての人にとっても、有益なヒントになることばかりです。プロのヒーラーを目指していない方にもお役に立てる内容だと思いますのでぜひご一読ください。

①存在する／ともにある／一緒にいる

ヒーラーであれ、芸術家であれ、教師であれ、母親であれ、起業家であれ、一番と言っていいくらい大切なことは、どれだけ自分とつながって今ここに存在するか、ということです。それはたった今この瞬間に気づいている、意識的である、ということです。24時間7日間意識的でいることは、今すぐには無理かもしれません。私もできません。

しかし最初はヒーラーとしてクライアントとご一緒させていただく時間だけでも、目の前のクライアントとともにこの瞬間、この場所に１００％存在すると決めましょう。それはまず自分と一緒にいるとともに、いらしてくださるクライアントと１００％一緒にいる、いさせていただく、と決めることです。

そのことを意図し、クライアントがドアを開けたその瞬間から出て行った後まで、あなたの持てる注意のすべてをクライアントに注ぎましょう。その時間のすべてをクライアントのためだけに使うと決めましょう。

だからと言って、あなたはあなた自身の感覚や感情をないがしろにしてはいけません。あなた自身とつながったままでそれをするのです。あなたの存在を深めるためには、第2章でお伝えしたグラウンディングを日頃から練習し、日頃から自分とつながっている感覚を深めていくことです。

相手のために100%存在し、すべての注意をクライアントに向ける、と言いましたが、それはあなた自身を裏切るような行為を自分に強いることではありません。理不尽な要求や度を越えた攻撃を許すことでもありません。

あなた自身があなたの心と身体と魂につながった上で、相手ともつながる、ということです。それは自分の身体感覚や考え、感情に気づいていながら同時に相手に注意を向けるということです。すぐにこの状態を保ち続けるのは簡単ではありません。

日々少しずつ練習しながらグラウンディングを深め、自分とつながった感覚に馴染めば馴染むほど、そうでないときに気づいて、修正できるようになります。ですから第2章でご紹介したグラウンディングや、第3章でご紹介したエクササイズなどを毎日愚直に時間をとって行うことが有効です。そうしてグラウンディングを深めていくことで、自分とつながる感覚がわかるようになり、そこから相手とつながる能力もまた開発されていきます。

② 話を聞く／ともにある／一緒にいる

ヒーラーというのは、単なるオーラやチャクラを浄化したり、修復したり、調整したりするだけではありません。目の前の人とともに存在し、その人の物語に耳を傾けます。それはその瞬間にその人と「ともにある」ということです。

喜びも苦しみも、悩みも魂の望みもある、一人の美しい人間とその物語とともにあるということです。「ともにある」ということは、辛いことがあった人を可哀想に思って哀れんだり、悩みという物語を持っている人のリアリティーを信じてその人をそのような目で見たり、そのように扱ったりすることではありません。

その人がコンプレックスに思っていること、痛み、悩み、傷、自信のなさ、制限、などのネガティブな部分と、素敵なところ、長所、強み、才能、可能性などのポジティブな部分と、その両方を超えた本質と、そのすべてでその人全体を見て受け止める、ということです。

「話を聞く」というのは当たり前に誰もがいつもやっていることですよね。私たちのほとんどが毎日、なんらかの形で誰かと会話をすることで相手の話を聞いていることでしょう。

しかし！ 私たちは自分が思っているよりもずっと他人の話を聞けていないということをご存じでしょうか？

「聞く」ということは実はスキルがないとなかなかできないことの一つです。あなたは話を聞いたふりをしながら、次に何を言おうか考えていませんか？ すべきアドバイスで頭がいっぱいになっていませんか？ 目の前の人をジャッジしたり、変えようとしたりしていませんか？ 沈黙の居心地の悪さに耐えかねて、何か言わなきゃというモチベーションから、質問をしたりしていませんか？ こういう関わり方は日々日常的に行われていますが、これでは相手の話を本当に「聞いている」とは言えないのです。

ただ黙って自身の心の静けさとともにあり、共感的な態度で目の前の人の話に耳を傾けることを「傾聴」と言います。近年ではビジネスの世界でもその傾聴のスキルの重要性を認識されるようになりました。

傾聴はいつでも「沈黙」という傾聴における最重要なスキルから始まります。あなたはただ黙って他人と一緒にいることができますか？　それはあなたにとって居心地のいい場所ですか？　沈黙とは声を発さないことではありません。頭の中のおしゃべりを止めて、ただ相手やその場とともにあることです。

傾聴の前段階として、まずは自分自身とともにあるためのグラウンディング、で準備をして心を鎮めておいてください。

それから目の前の人にあなたの注意を向け、耳を傾けましょう。自分と一緒にいながら、目の前の人とともにありましょう。もしあなたが本当にこれができたのなら、それだけでもあなたはクライアントの癒しに大きく貢献したことになります。

もしもあなたが新人のヒーラーなら、向こう三年、クライアントにアドバイスするのは封印するくらいの気持ちでいてください。もちろん適切で必要なアドバイスというものはあります。あなたが何がしかの専門家だったり、クライアントの課題の領域に詳しかったりする場合です。またあなたがチャネリングのセッションなどを同時にして、高次元からのメッセージを伝えたり、エネルギーフィールドをリーディングしてメッセージを伝えるような仕事をしているのもまた別のケースです。

ただ多くのアドバイスは、クライアントが「こうあるべきだ」「こうでなければならない」という前提からなされており、あなたの狭い人生経験と、あなたの信念体系からきた善悪に支配されていること、がほとんどではないでしょうか？　その後ろにはクライアントをコントロールしようという無自覚の意図が働いています。まずは黙って相手の話を聞き、自分が相手の話を理解しているかどうか、を確認する。それが先です。

あなたがグラウンディングを深めていけば、あなたの小さな自我から現れた「ちょっといいアドバイス」のようなものを超えて、あなたの中から知恵が現れます。あなた自身が「どうして自分はこれがわかるんだろう」というような内容が現れてきます。自分の口から出てくるその知恵にあなたは自分でも驚くことでしょう。それをクライアントとわかち合うのです。あなたが自分の考えに固執したところからきたアドバイスを垂れ流している間は、その知恵が姿を現すことはないでしょう。それはいつでも沈黙の中から立ち現れるのです。

3 境界線の概念

あなたが最高最善の奉仕をするために知っておいて欲しいのが、境界線の概念です。境界線とはなんでしょうか？　何かと何かを分けるものですね。

第1章で私たちはエネルギーの海に住んでいる、と言いましたが、その本来一つであるものを分かち、個別の存在とするのが境界線です。ですから世界は境界線で成り立っている、と言っても過言でないくらいです。

それは人や動物、植物などを個別の存在とするだけでなく、あなたと私を分け、あなたのものと私のものを分け、組織やグループ、町や村、地方や国、そこに所属するものを分けます。

あなたが勝手に人の家に入らないのも、国と国の間に国境があってパスポートが必要だったりするのも境界線です。

この「境界線」の概念は、あなたがプロフェッショナルなヒーラーとして活動するのにとても大切な概念であると同時に、あなたの人間関係やメンタルヘルスを健全なものにするためにも役に立つものです。

境界線というからには、それを守ったり、侵害したりすることができます。例えば、他人の庭の梅の木になった梅を勝手に取るのは、まず敷地内に無許可で入った、ということと、次に梅という他人の所有物を持ち去る、という二重の境界線の侵害があります。

また心理的なものには、モラハラや、パワハラなど相手の心に立場や関係性を使って侵入することもまた境界線の侵害となります。

この境界線には、物理的なもの、空間的なもの、時間的なもの、というものから、感情的なもの、役割的なもの、性的なもの、エネルギー的なもの、社会的なもの、までいろいろありますが、ここではプロフェッショナルとして特に知っておく必要のある四つの領域についてお話ししましょう。

❶物理的境界線

物理的境界線というのは、実際目で見て触れることのできるものや、目に見えなくても物理的な空間として認識できるものなので境界線の中でも一番わかりやすいことでしょう。

まずはセッションを行う場所はどこでしょう？　クライアントの座る位置、あなたの座る位置は？　ヒーリングベッドはどこに置きますか？　周りからの音がセッションルームにうるさく聞こえるような場所は、避けましょう。

当たり前のようですが、クライアントの身体はクライアントに属し、あなたの身体はあなたに属します。ですから、あなたはたとえ親しみの表現だとしても気軽にクライアントの身体に触れてはいけません。まずは同意を得てください。

❷時間的境界線

時間的境界線というのは、いつからいつまで、という線引きのことです。宿題の締め切りや、申し込み期限、セッションや講座、例えば、人気のカフェに滞在していい時間の長さ、などを指します。いつからいつまで、何時まで、何時間、何日まで、という区切りはみな時間的境界線です。

セッションの約束時間はいつの何時からになりますか？　あらかじめ決められたセッション時間は何分でしょうか？

二人の間で同意された始まりの時間、終わりの時間、を守りましょう。自分を不十分に感じていると、ついついセッション時間を長引かせて相手に過剰にサービスをしようとする気持ちが働きます。時間を守ることを意図して、実行しましょう。

❸心理的境界線

人が何を感じるか、はそれぞれその人のものでその人に属します。あなたの感情や思考はあなたのもので、クライアントのそれはクライアントのものです。それを尊重しましょう。当たり前のことなのになぜここでわざわざお伝えするかと言うと、私たちはしばしば無自覚のうちに他人の心の境界線を侵したりしているからです。

日常生活でしたらお互い様で成り立っているところもありますが、もしもあなたがヒーラーとしてクライアントの癒しに貢献したいと思っていらっしゃるのなら、ここには注意を払っていただきたいのです。

クライアントの中には、他人からの侵略や理不尽な要求、自分が本当には「やりたくないことを断る」「ノーと言う」ことが苦手な方もいらっしゃいます。ノーと言うことで相手との間に境界線を引くのですが、生育歴からきた過去の傷という情報によって、無意識のうちに人に嫌われたり見捨てられたりするのを恐れているので、それが苦手なのですね。

私もヒーラーという立場にありながら、無自覚のうちにクライアントの心理的境界線を侵害したりすることがありました。

例えば「ああしたらいけない」「こうでなければならない」といった意見の押し付けから、上から目線のアドバイス、過剰な共感などです。これは相手の心の領域を侵害していることになることを知っていてください。

❹役割的境界線

あなたをプロフェッショナルなヒーラーとして選んでくれたとしたら、それはヒーラーとクライアントという関係性の中にあります。クライアントは友達でもなければ、生徒でもありません。あくまでヒーラーとクライアントという役割の中での関係なのです。

そこで重要なのは、

①クライアントとは恋愛関係、友達関係にならない

なぜなら、そういう関係になると、クライアントとは対等な人間関係が築けないからです。すでにクライアントはあなたを一人の人間としてではなく「ヒーラー」というある種の権威者と認識したがゆえにあなたのセッションに申し込んできたのです。そこには目に見えない心理的な力学が働きます。これを「転移」と言います。これに関してはこの後（195ページ参照）でお話しします。

②ヒーリングセッション、セラピー的セッションを友達や家族にしない

これは①の逆ですが、同じような理由で友達や家族にセッションを提供してはいけない、ということです。

あなたが初心者のうちにはそれほど問題は起きないことでしょう。最初はリラクゼーション的な効果のほうが大きいからです。

しかしクライアントと深くつながり、大きな変容を手伝えるようなヒーラーになればなるほど、話はややこしくなりがちです。

もしもご家族がご病気で何かしてあげたいと思ったら、手で撫でて差し上げたり、マッサージをしたりして差し上げましょう。そして本格的なヒーリングはプロフェッショナルに頼むことが健全ですし、効果も高いことでしょう。

もしもあなたにヒーラー仲間がいるとしたら、交換セッションをするのは構いません。私の主催するLASヒーリングスクールでは、認定ヒーラーたちが今も仲間同士で集い、ヒーリングの交換セッションをしています。

しかし一方的にヒーリングをしてもらうとしたら、それは仲間の域を超えています。日常的に友達づき合いをするのは難しくなることでしょう。「大丈夫だろう」と私も最初は甘く見ていました。しかしそう思って提供することでこじれた関係を、私はいくつも見てきました。ヒーリングというのは、受け手本人でさえ知らない意識の深い領域にヒーラーがエネルギーを通して踏み込むことになります。通常の人間関係というのは、通常の意識での関わりに留めておくことが健全なのです。

③自分のニーズをクライアントとの関係で満たそうとしない

この関係性の中では、ヒーラー側が与える人、クライアント側は受け取る人、ということを明確に意識してください。

自分のニーズ、とは、例えばあなた自身の話をクライアントに聞いてもらったり、無意識のうちでも承認してもらったり、褒めてもらったりしようとすることです。あなたの話を聞いてもらう、などというのはもってのほかです。それらのニーズを手放して、ただただクライアントのためにあなたを存在させてください。

あなたの個人的なニーズは、あなたの個人的な人間関係や個人的な生活の中で満たしましょう。あなたがヒーラーという役割でクライアントと関わるときには、ただただ相手のためにそこにいましょう。

4 転移と逆転移 過去の幻影を今に見るとき

●転移とは

心理学の父、ジグムント・フロイトが提唱した概念がこの「転移」です。精神分析をするときにクライアントが過去において、重要な特定の人物に対して持っていた感情を分析家（セラピスト）に向けることをそう名付けました。

同じようにヒーリングセッションや心理療法、カウンセリングなどをするときにもこの「転移」が起こります。

多くの場合クライアントはセラピストに対して恋に似たような感情を感じたり、理由なく恐れたり、腹を立てたりする気持ちを抱きます。過去の例えば母親、とか父親、兄弟姉妹、祖父母などへの気持ちを今に映し出して引き起こされているという考え方です。

クライアントという立場をとるだけでほとんどの人に、「退行」が起こります。「退行」とは心の状態が子どもに戻ってしまうことです。そうして「愛されたい」「もっと見て欲しい」「褒められたい」と両親などによって満たされなかった願望を目の前にいるセラピスト的な立場の人に向けたりするのです。

これはセラピストとクライアントの関係の中では劇的に起きることですが、実は日常生活でも頻繁に起きていることです。あなたが誰かに憧れたり、誰かの承認を求めたり、をはじめとした様々な劇的な感情を感じるとき、あなたは転移の中にいます。あなたが幸せを感じられていないときには、いつも「転移」という記憶の中にいると言ってもいいでしょう。

例えば、転移ははじめはポジティブな感情で始まりますが、やがて時間を重ねるとネガティブなものが表れてきます。恋愛関係でもよく見られることですね。時間が経つと、あんなに素敵だった彼のちょっとした癖が気に障るようになり、喧嘩の

転移／逆転移とは

●転移とは

・「過去の対人関係」を相手に重ね合わせて感情的な反応をしていること
・ポジトラ（陽性転移）：好ましい感情を映し出すこと
・ネガトラ（陰性転移）：好ましくない感情を映し出すこと

●転移の段階

	Aさん	あなた
あなたの転移：100 Aさんの転移：0	怒っていない	Aさんが 怒っているのではないかと 気になる
あなたの転移：50 Aさんの転移：50	実際に怒っている	Aさんが 怒っているのではないかと 気になる
あなたの転移：0 Aさんの転移：100	実際に怒っている	自分のせいとは思わないし気にならない 事実のみを観察している状態

火種になったりすることもあったことでしょう。

あなたがヒーラーとしてクライアントに関わるとき、このことを知っていることはとてもとても大切なことです。あなたを信頼すればするほど、クライアントは社会では見せられない子どもの部分をあなたに見せ、そのことであなたへの転移はさらに大きくなり、信頼関係が深まることで却ってネガティブなものも表れてくることもあります。あなたがこのことに意識的であれば、それをクライアントの癒しのために有効に使うことができます。

ヒーリングセッションがパワフルなものであるとなおさら、これまで抑圧していた感情が表れてきます。それはあなたにとって快適なことではないかもしれませんが、クライアントにとっては、とても重要なプロセスだということを知っていてください。

そして、たとえそのネガティブな感情があなたに向かってきても、あなたはそれを個人的に受け取らないようベストを尽くしてください。あなたのことを不十分だと感じたり、腹を立てたりするその感情は、そのクライアントの内側にあった過去の経験、傷から来たもので、あなたになんの関係もないと言っていいくらいなのです。

あなたはヒーラーとして、ただクライアントをニュートラルに受け止め、そこに存在するだけでいいのです。それができただけでも、クライアントにとっては貴重な経験となります。これまで感じることも、表現することも許されなかった自己を、愛あるニュートラルで受け止めてもらうだけでも、大きな癒しの機会となりうるのです。

たとえあなたに向けられた感情だとしても、その感情はクライアントのものです。クライアントの過去の記憶から来たものです。同時にあなたはクライアントのクレームや感情に耳を傾け、謙虚に内省し行動を変える必要があるかもしれない可能性にもオープンでいましょう。

●逆転移とは

そしてもしもあなたがクライアントの感情によって、今度は自分の感情の引き金を引かれたとしたら、あなたもまた転移の中にいる、ということになります。

これをフロイトは「逆転移」と呼びました。

今度はヒーラーであるあなたのほうが、クライアント側に転移を持った、ということになります。

例えばクライアントが約束の時間に遅れたときに感じる怒り、彼らの不完全さを許せない感情、面倒を見てあげなければならないという気持ち、などもみんなみんな、あなた自身のもので、これはクライアントへの転移であり、過去の人間関係からきているのです。

逆転移のポジティブなものは、クライアントを過剰に評価したり、ときに恋をしたりすることです。

クライアントは、あなたをヒーラーとして選んでセッションを受けにやって来る、そのことだけでもすでにポジティブな転移を持っています。少なくともあなたに好感を持ち、もしもあなたがSNSなどで発信をしていたりしたら、それ以上の感情を感じているかもしれません。恋や憧れの感情を持ってくる人もいることでしょう。あなたのほうも好意を持たれて悪い気がしないだけでなく、相手に恋愛感情を抱いてしまうかもしれません。それが逆転移の代表的な例です。

しかし、ちょっと待ってください。あなたのここでの仕事は、クライアントと個人的な関係、恋愛関係になることだったでしょうか？　ヒーラーとしてクライアントにご奉仕をすることではなかったでしょうか？

あなたがクライアントに個人的な好意を示したり、デートに誘ったり、ましてや性的な関係になるなんてもってのほかです！　あなたがそのような行動に出た場合、クライアントをこれまでより傷つけることになる可能性があるのです。これは決してやってはいけないことです。

クライアントがあなたにポジティブ感情を持っているということは「退行」した状態からくる「転移」からであり、あなたのほうが感情的にある意味優位な立場におり、対等な関係性とは言えないからです。

ヒーラーの仕事はあくまでクライアントがどこまでも安全を感じられる相手として、そこに存在することです。

ですから、あなたは自分の逆転移に気づき、その気持ちを認めるとともに、たとえそれがあなた自身の感情であったとしても、客観的であることが必要です。

●転移を利用しない

また、あなたがクライアントを相手に、個人的な利益を追求するようなことは自戒しなければいけません。自分の利益のためだけに商品を押し売りしたり、関係性を利用してネットワークマーケティングに誘ったりすることはしてはいけないことです。

私がこの世界に生きていて一番素晴らしいと思っていることは、私たちには「自由意志＝free will」があるということです。とある米国の映画で翻訳家の方が、これを「自由な心」と訳していました。私は自由な心と自由意志は違うと思います。自由意志というのは、あなたに選択の自由がある、ということです。この観点から見ると、世の中に「やってはいけないこと」など何一つありません。極論すれば、窃盗、殺人、詐欺、不倫、あなたはあなたの自由意志で何を選択してもいいのです。それこそ私たちは自由なのですから！

しかし、「他人」というものが介入してきたとき、あなたのすることが他人に与える影響からは、あなたは自由ではありません。あなたが他人の領域を尊重せずに自分の領域を超えて相手の領域に許可なく入り込むことは、侵害であり侵略です。自由でないどころか、あなたが意図や意志を持って他人に与えた影響はあなたに同じようなエネルギーの質と方向性を持って戻ってきます。それはエネルギーの法則の一つで、あなたが送り出すもの、差し出すものが、あなたの受け取るものだ、ということです。あなたが送り出したものはそれが正であれ、負であれ、あなたに戻ってきます。そのように循環するのです。

日本では多くの対人援助や代替療法家的な仕事をする人たちが、転移の概念やそれがクライアントに与える影響についての知識がないままに、自分の利益だけを追求するような関わりで、知らないうちにクライアントの癒しを阻んだり、ときに傷つけてしまっているのを見てきました。あなたは「相手のために」と思っているかもしれません。しかし、あなたはいつの間にか自分の利益のために品物をすすめたりしているかもしれないのです。あなたにセッションフィー以外の利益がある限り、あなたは自分が得したいというモチベーションから行動していることを自分から隠してしまうからです。

あなたは自分が得するために、クライアントを利用するような人になりたいですか？　それとも魂の仕事をして、クライアントの真の癒しに奉仕したいですか？
ご自身に問うてみましょう。

公認心理師や米国の心理療法家など、国家資格を持った人たちは、このあたりに非常に厳格な倫理基準を持って仕事をしています。

ヒーラーも含めたセラピスト的な立場とクライアントという関係ができると、そこにはいつでも陽性の（ポジティブな）転移が働き、あなたが望むと望まざるとにかかわらず、クライアント側はあなたに権威を見て、過去の人間関係を映し出してしまうことを、そういった資格を持った人たちは資格取得の教育の中で学んでいるのです。このような関係性においては心理力学が必ず生まれ、あなたのほうが力を持ってしまうようなことになることを学んで知っているからです。

このことに意識的でいるのは、ヒーラー側の責任です。クライアントは、あなたに様々な過去の人間関係やそこから来る感情を映し出してくることでしょう。つまりあなたはクライアントにとっての「代理人」にすぎないということです。

クライアントがあなたに向けてくる好意も、その逆の感情も、大げさに考えるのはやめましょう。あくまでそれがみな癒しのプロセスである、ということを知り、相手のためにそこに存在しましょう。それができるヒーラーとしての器を広げていきましょう。

それは自分の個人的なニーズはクライアントからではなく、自分で満たし、個人的な人間関係の中で満たすことによって叶います。

5 無条件に与え、豊かさをお金という形で循環する

プロフェッショナルなヒーラーとして活動するということは、あなたの提供するヒーリングに対して、対価としてのお金をいただくということです。

私たちが生きる現代の資本主義社会において、ヒーリングを提供してお金をいただく、ということは健全なことです。私たちはプロフェッショナルなヒーラーとなるために、自分への教育費をかけてそれを習得します。

そして、繰り返しますが、もしあなたが誰かとヒーラー、クライアントの関係になったとしたら、二人の関係はそこで完結させなければなりません。友達になったり恋人になったりしてはいけません。冷たいように聞こえますが、それが一番相手の癒しに健全に貢献できる構造なのです。その理由は前項の転移／逆転移のところ

でお話ししたとおりです。

ヒーリングセッションでは、無意識のうちにクライアントに賞賛されることを求めたり、優位に立とうとしたりといった心理的なものから、新しい講座の売り込みや商品の売り込みなど物理的なものまで、約束されたお金以外は受け取らないと決めましょう。

あなたはセッションを、お金のためにやるのではないのです。あなたがあなたの本質の表現で他者に貢献するとき、お金という形をとった豊かさの循環の中にあるだけなのです。あなたが奉仕に専念するとき、あなたは無条件に与え、やがて商売のために無理矢理つけようとした信頼関係でない、本物の信頼関係が育つことで、あなたのもとで学びたい、あなたのすすめるものなら買いたい、という人が集まってきます。

だからと言って、今度はそこでできた信頼関係をモノを売ることに利用することは決して賛成しません。ヒーリングセッションと、物販はきっぱりと分けてください。そうでないとあなたのやっていることは霊感商法になってしまいます。

私はこれまでセッションや講座中に物販をしたことは一度もありませんが、ありがたいことに多くの物販をしている人たちよりも年商は多いようです。


また、もしも使ったほうがいいグッズや波動関連商品などがあったとしたら、おすすめするのは悪くはありませんが、その場で買わせるようなことはやめましょう。そしてご自身に問うて欲しいのです。そのおすすめしたい商品、本当に相手のためなのか？　それとも自分が儲かりたいだけなのか？

売上を上げるために、その日いただくセッション料金にちょいのせするためだけに商品を置くのはやめましょう。あなたがそのような小狡《こずる》い考えを形にするとき、あなたは自分のポテンシャルを否定し、世界の豊かさを信じていないのです。

それにもしもあなたが、クライアントの立場として、これまで他の誰にも言えなかったような繊細な課題をわかち合った相手が、あなたをできるだけお金を落としてもらうための商売の相手と見ていたらいかがですか？　本当には癒されないですよね。

あなたがセッションにおいてどれだけ神の道具として純粋なご奉仕ができるか、その喜びをあなたにも知って欲しいです。それはたとえお金を受け取っていたとしても無条件に与えさせてもらう喜びです。そしてその態度があなたのセッションの質も向上させ、純粋な豊かさの循環へと導くのです。

「無条件で与える」ということをお話ししましたが、無条件で与える、ということと「お金をいただく」ということに矛盾を感じる方もいらっしゃることでしょう。わかります、その気持ち。私もそうでしたから。

ちょっとわかりにくいかもしれませんが、あなたは「お金のために」ヒーリングをするのではないのです。あなたがヒーリングを通してあなたを表現し、ご奉仕させていただきたいという気持ちを無条件に表現することが先なのです。その後に「お金」がくるのです。

あなたがあなたにとって本当のこと、魂の望むことを先に差し出す、そのことでお金をいただく、それとお金のためにヒーリングする、というのは同じようで全く違うことなのです。

もし、「お金のために」ヒーリングをしようとしている自分に気づいたら、自分の心奥深く魂につながり自分の本当の声を聞いてあげてください。その向こうには、必ず清らかで純粋な他者貢献への憧憬《しょうけい》があることでしょう。無条件に自分を差し出したいという神聖な願いがあることでしょう。

その上でお金という形でこの世界の豊かさを受け取ることをご自身に許して差し上げて欲しいのです。

これは本当に微妙で、私はかつてスピリチュアルに傾倒しすぎて「スピリチュアルで清らかであるためには、貧しくなければならない」という罠に陥りました。お金を受け取ることができず、なんでも無料で提供したくなっていました。人が豊かに生きることを手伝いながら自分は貧しい、それは良いことではないのです。

もしもあなたがお金を受け取る必要のない経済状態にあったり、食べ物を寄付してもらうだけの生活で満足できたとしたら、それはとても素晴らしいことです。それに挑戦するあなたを心から尊敬します。しかし社会も、私たちの多くもその域には達していないことでしょう。

私たちはプロフェッショナル・ヒーラーとして、ヒーリングセッションを提供し、その対価としてお金を受け取ります。これは現代の私たちが生きる資本主義社会の中では自然なことです。あなたはこの本を買うところから始まり、自分をヒーラーとして教育してご奉仕ができるようになるまでに、お金と時間を投資してきたことでしょう。クライアントはそれに対して、彼らの持つお金で応えます。

あなたが投資して身につけたスキルと、あなたの存在を差し出すことの循環の戻りとして、お金という形で豊かさを「受け取る」ということを自分に許しましょう。「受け取っていい」と許可しましょう。

重要なことなので何度もお伝えさせてください。お金を受け取ることの本質は、お金を払う、稼ぐ、というギブアンドテイク的な話ではなく、「循環」です。私たちはいつもお金も含めた豊かさの循環の中にあり、あなたもクライアントもその循環の一部です。便宜上「自分のお金」「人のお金」と分けており、そうした境界線を理解し実践するのは健全です。同時にそれは誰のものでもなく、ただただ流れの中にありあなたを通り、クライアントを通り、流れているだけなのです。

⑥ スーパービジョンを受ける

もしもあなたがヒーラーを生業《なりわい》にして、それを長く続けていきたいとしたら、スーパービジョンを受けることをおすすめします。

スーパービジョンとは、専門家から専門家へのコンサルティングです。この場合には、先輩やかつて先生であったヒーラーなどがいいでしょう。スーパーバイザーはあなたがこれまで扱ったことのないケースについての知識を持っていたり、技術的な指導をしてくれたりします。

それからヒーラーとしてセッションをしていると、どうしても過去の出来事からできた傷の引き金を引かれたり、前述した転移が起きたりします。クライアントに攻撃されたり、ヒーラーとしての仕事を他人に批判されたりと、自分の経験ではどう対応していいかわからないようなことも、ときには起きるかもしれません。残念ながら何度も通ってくれたクライアントが、力及ばずで亡くなることもあるかもしれません。

そんなときにあなたと同じ仕事をしている先輩や教師などに相談に乗ってもらうことであなたは、その好ましくない心の状態をいち早く抜け出せるだけでなく、そこから気づきや癒しを受け取り、あなた自身の成長につなげることができます。それはあなたのヒーラーとしての器を広げてくれることでしょう。

このスーパービジョンは個人だけでなくグループで受け取ることも有効です。一人のスーパーバイザーに対して何人かのヒーラーたちが集まり相談するとき、あなたは他の人たちのケースとその解決も見ることになり、そのことがあなた自身が気づいていなかった課題もクリアにしてくれることになるからです。

7 コミュニティーを持つ

ヒーラーという仕事が他の仕事と比べてより尊い、というわけではありません。どんな仕事も、それが直接的に見えていないときにも、みな社会や他者の暮らしに貢献するもので等しく尊いものです。

ただ、ヒーラーという仕事は、エネルギーや霊性、心、魂、という一般的にはわかりづらい領域を扱っているがゆえ、親しい人にも理解されないという側面があります。基本は一人での仕事です。ときにそれはあなたを孤独にするかもしれません。その部分をわかち合い、支え合えるのがコミュニティーであり仲間の存在です。

スピリチュアルな仕事や、同じような志で活動している人たちとのコミュニティーを持つことで、深いレベルで共感してくれる仲間や、同じような悩みや喜びをわかち合える友達がいる、ということはあなたの仕事の励みにも仕事にもなると同時に、安心の感覚もまたくれることでしょう。

今は同じような考え方や趣味趣向の人たちがインターネットを介してつながり、オンライン上でコミュニティーを形成しています。私もオンラインサロン「新しい地球村」を主催、運営しており、その中では、自分の仕事やできることのわかち合いから、ちょっとした悩みのシェア、オンライン上での傾聴会などで、仲間同士のつながりを深める場所となっています。

コミュニティーを選ぶときには、そのコミュニティーがどんな考え、哲学を元に運営されているかを知り、あなたが共鳴する場所を選びましょう。大切なことは、当事者として「参加する」「所属する」という意識です。

だからと言ってあなた自身の主体性を投げ出してはいけません。知らず知らずのうちに生まれる集団的同調圧力に屈したりしないようにしましょう。自分が「選択した」上でここにいる、という意識で、周りに流されず「自分はどうしたいか?」「自分はどう思うか?」を一番に置きながら受け取り、与え合いましょう。

8 誰のために？　あなたのクライアントはどんな人

あなたのところにいらしてくださるクライアントは、みな多かれ少なかれ魂の縁者で、魂の友です。魂のレベルで今世《こんせ》出会い、お互いに奉仕し合うと約束した人たちです。それはその人がどんなパーソナリティーでどんな容姿で、どんなアイデンティティーを持っているかに関係ありません。

あなたがグラウンディングして自分と深くつながっていくと、自分が何を望んでいるのか、なんのためにここにいるのか、がどんどん明確になっていきます。それはヒーラーとしてどんな方のお手伝いをしたいか、ということにも表れてきます。あなたはそれをあなた自身の胸に、魂の望みとして感じることでしょう。

一口にヒーラーと言っても、強みや才能、どんな人にご奉仕したいのか、などは全く違ってきます。
例えば病気を治すことを手伝うのが得意な人もいれば、心の傷を癒すお手伝いをすることに才能を示す人や、望みを叶えることを手伝うのが上手な人もいます。

それがすぐにわからなくてもいいのです。最初はただいらしてくださるクライアントに心を込めてセッションをしてください。必ずしも数は力とは言えませんが、それでもあなたがたくさんのクライアントを見させていただくうちに、自分の強みが何で、どんな人たちをお相手することが自分の使命なのかということが、徐々に絞られてくることでしょう。信頼していてください。

9 セルフケアの重要性

ヒーラーとして通常の身体を流れるより大きなエネルギーを扱うためには、セルフケアは必須です。もしもあなたが自分のケアを怠ると、あなたはクライアントのネガティブなエネルギー的残置物を拾ってしまったり、心や身体の健康を害したりすることにもなりかねません。

またあなたの健康状態が良く、肉体が生命エネルギーに満ちていれば、あなたの提供するヒーリングはより有効なものになるでしょう。

そのためには通常の健康であるためにも大切である、食事、睡眠、運動、の三つに意識的でいましょう。

十分な睡眠時間をとり、健康的な食事をとり、日頃から身体を動かすことを日課としましょう。午前中に太陽の光を浴びてセロトニンを活性化させるために散歩をしたりするのもいいですね。

食事はタンパク質を十分摂ることを意識し、糖質は減らしたほうがいい人がほとんどだと思います。また、必ず「生」の野菜をいただくことで、生きた酵素を摂ることができます。


セッション前日には飲酒は控えてください。微細ではありますが前日の飲酒は次の日にも影響を与えています。また、ヒーリング中や終了後などはクライアントの嗅覚は通常より繊細になり、あなたの身体から発するアルコールの匂いを感じることもあります。

あなたの心と身体を整えるためにも、前述したグラウンディングを日課としてください。

そしてさらに、「瞑想」を日々の中に取り入れるとあなたの心と魂の健康にも役立ってくれることでしょう。

「瞑想」と言っても堅く考える必要はありません。ただ静かな場所に座り、目を閉じ、呼吸に意識を向けるだけでも十分です。息を吐いていること、吸っていることを感じましょう。はじめは1分から、その後毎回5分でも構いません。時間をとりましょう。グラウンディングをした後にやるとより効果的です。自然が近くにある人は自然の中で、騒がしくないようでしたら公園なんかで行うのも良いでしょう。

⑩ あなたが手伝える人、手伝えない人

いくらあなたがこんな人のお役に立ちたい、という強い思いがあっても、あなたには手伝えない、または単独で手伝ってはいけない、という人たちがいます。

それは統合失調症や双極性障害（躁鬱病）、依存症などの精神疾患（精神障害）のある人たちです。そういった病気の人たちを差別しているわけではありません。ただ通常のヒーラーはそれらの人のお手伝いをするための技術も資格も持っていないからです。

唯一お手伝いをできる道があるとすれば、クライアントが患者として医師の診察を受け続け、医師の許可のもとで行うときです。

どちらにしても初心者に扱えるケースではありませんので、たとえ依頼があったとしてもお断りしてください。

その前に肝に銘じておいて欲しいことは、私たちは医師や資格を持った心理療法家ではない、ということです。私たちのすることは「癒し」であり「治療」ではない、ということです。私たちは治療をする公的資格を持っていないのです。

あなたの超感覚知覚が育ち、何かの病がわかったとしてもあなたはそれを「診断」してはいけません。「診断」をすることは違法であり私たちはその資格を持っていないのです。

重い病気のある方には医師の診断をお勧めしてください。その上で医師に診てもらっていることを前提にヒーリングを行うことを引き受けましょう。

また、安易に薬をやめることをすすめるのはやめましょう。

繰り返しになりますがあなたには、その知識も資格もないのです。病気の人にとってのヒーリングはあくまで「補完」の位置となるのが健全です。

もちろんヒーリングは病状の改善や時に奇跡的な治癒につながることもありま

す。代替療法として目覚ましい効果が上がることもあります。たった一回のセッションで、癌が綺麗に消えてしまったクライアントもいました。しかし、いつもそれが起きるとは限りません。過剰な期待を煽るようなお知らせをしてもいけません。

それでもヒーリングは人が病気になった大元の理由や、人生のうまくいかない領域の大元の理由のところへまで降りて、人を根本から変容させる力があります。

ヒーリングを受けて、不健全な結婚生活から離脱し新しい出会いへ導かれた人、嫌だった仕事を辞めて独立して時間もお金も豊かになった人、憧れていた自己表現を始めた人、子どもの頃からの夢を叶えた人、パートナーシップが愛あるものへと変化した人、病が寛解した人など、たくさんの変容を見てきました。何よりこの世界の美しさややさしさといった本質を感じられるようになっていきます。

⑪ ヒーラーのマインドセット
セルフイメージがヒーリングの効果に影響を与える

ヒーラーとしてあなたがどんなマインドセット（心の持ちよう、ベースとなる考え方）でいるか、どんなセルフイメージを持っているか、ということは、ヒーリングがどのようなものになるか、ヒーリングの結果にも影響を与えます。

クライアントはあなたの意識状態の現れであるオーラに影響されますし、あなたが自分をどう捉えているか、がヒーリングにも現れてきてしまうのです。あなたが自分を不十分でとるに足らない者と扱えば、クライアントはそれを心理的にキャッチするだけでなくオーラのレベルでも影響を受けます。

これは調和誘導という、エネルギーの仕組みからきています。ではどのようなマインドセットでヒーリングにのぞめばいいのでしょうか？ 四つの重要なポイントをお伝えしましょう。

❶内なる権威とつながることと、そのままの自分でいること

権威というのは外にあるものではなく、自分の内側に持つものです。ヒーラーとして堂々と内なる力とつながり、リラックスしていましょう。

あなたがヒーリングを上手くやれたかどうか、に焦点を当てるのはやめましょう。ただただその瞬間にベストが起きていることを信頼しましょう。

能力ある素晴らしい自分と、弱みもダメなところもある普通の自分のどちらも矛盾なくあなた自身として愛しましょう。そのままの何気ないあなたのままで、偉大なヒーラーであることはできるのです。

「ヒーラーであるためには日頃から完全な人間でなければならない」×

「そのままの自分とヒーラーである自分は自然に成り立つ」○

「自分の内側の力を表現すると人を傷つける」×
「自分の内側の力を表現することは人の役に立つ」○

❷セルフジャッジを手放す

初心者のヒーラーが仕事を辞めてしまう理由の一つに、自分を責めること、があります。もしも日頃から何かにつけて自分を責めたり、自分を不十分だと感じる思考の癖のある方は、それがヒーリングセッションの最中や後にも現れてきます。

「自分はちゃんとできたのだろうか？」
「ああすればよかった、こうすればよかった」
「お金をいただいたのに、上手くやれなかった」

そういった自分を批判、非難するような思考が出てくるたびに、それを手放していきましょう。あなたができたこと、起きたこと、は十分なのです。

クライアントを全肯定するように、あなた自身を全肯定し、提供されたセッションもまた最善だったと信頼しましょう。その上で反省点があったら、建設的かつ冷静に振り返り次回に生かすのです。あなたがあなたを責めても、誰のことも幸せにしません。

あなたのヒーリングやリーディングなどの能力の開花を阻んでいるのは、自分への疑いも含めたあなたがあなたをジャッジする心です。

「自分は自分のままでいいんだ」「十分なんだ」「なんの問題もないんだ」「できるんだ」ということを、グラウンディングで自分を整えて体感していると、実際の能力も上がっていきます。逆に言えば、あなたは自己批判をすることであなたの本当のポテンシャルが開かないように無意識のうちに調整しているのかもしれません。

それはあなたがこれまでの自分と全く変わってしまうことへの恐れかもしれません。私たちはしばしば自分の持つ力を恐れてしまうものです。

どうぞ霊的な能力の扉を開き、才能を発揮すると決め、それをご自身に許して差し上げてください。

「私は不十分である」×
「私も世界もそのままで十分」○

「私は何かと失敗してしまう」×
「いつも最善が起きている」○
「起きることはすべて良いこと」○
「すべてはうまくいっている」○

「誰か特別な人だけが才能を持って活躍できる」×
「誰もがその人ならではの才能を持っている」○

❸相手への奉仕のためにここにいることは、魂の喜ぶこと

セッション中はクライアントに無条件の注意を向け、愛に心を開き、相手のためだけに存在し、奉仕することにコミットしましょう。

あなたがそこに集中すればするほど、あなたはあなた自身がどう思われるか、どう見られるか、どんな効果があるか、といった外側の条件に左右されることから自由になっていきます。そのことで宇宙との共同創造としてのヒーリングの波に乗ることができます。

「自分がやっている」という意識から解放され、あなたは目の前で起きるヒーリングの目撃者となります。それはあなたに人格で味わえる喜びとは全く違ったもっと本質的な喜びを感じることができるでしょう。

奉仕という言葉には「犠牲」のような意味合いを感じる方もいらっしゃるかもしれませんが、そうではありません。私が「ヒーリングの仕事をしている」と言うと、

「大変でしょう?」と聞かれることは少なくありませんが、そう思うことは滅多にありません。喜びと充実感を感じさせてもらえるありがたい仕事だと思っています。奉仕に集中するとき、私たちは自分を超えることの至上の喜びの中に入るのです。

「人に奉仕するためには自分を犠牲にしなければならない」×
「無条件に奉仕することは喜びである」○

❹アファメーションでセルフイメージを変える

あなたの心を世界の本質に合わせて、マインドセットを変えていきましょう。「変える」と言いましたが、そちらのほうが世界とあなたの本当の姿であることに目覚めていきましょう。

自分を引っ込めて小さな心の檻の中に閉じ込め、不十分だと感じながら生きることは、世界中の誰にとっても本当のことではありません。あなたはあなたのままで十分で、あなたの魂の望むご奉仕をしながら能力を発揮し、喜びの中で豊かに生きることのほうが、ずっとずっと本当のことなのです。

ヒーラーであるということは、他者を手伝う前に、あなた自身がそれに目覚めていくことなのです。

❶～❸で例にあげたように変化させたマインドセットを参考にアファメーションを創り、あなたのこれまでのセルフイメージを、本当のことへと変容させていきましょう。ヒーラーとしてあなたはどうありたいですか？　どんなことを望んでいますか？　どのようになりたいですか？

あなたがそれをたった今ここに生きているかのように現在形で書いてアファメーションをし、感謝します。自分や世界に関しての古い考えやネガティブな考えが出てくるたびに、繰り返しそこに戻ります。

アファメーションは単なる言葉遊びではありません。あなたの本当の姿を表出させる、それこそ魔法の言葉です。ただしこれは、ただ頭で唱えるだけでは実現しません。言葉にして、口に出すことで実現するのです。第2章でやったグラウンディングをして中心軸を整え、自分とのつながりを感じた上で、すでに起きているそれを今ここに感じることで加速します。楽しんでくださいね。

（例）

❶私はヒーラーとして魂の望む奉仕をして豊かに生きています。
ありがとうございます。

❷私はヒーラーとして最高の能力を発揮して喜んでいただいています。
ありがとうございます。

❸私はスピリチュアルヒーラーです。
魂の目覚めを手伝い感謝して生かされています。

12 能力の開いたものとしてやってはいけないこと

あなたにヒーリングや超感覚知覚が開いていくと、日常生活の中でも直感が冴えるようになり、場合によっては他の人の情報が見えてしまうこともあります。

そんなとき、あなたは悪気なく親切心で、その人のオーラの情報などを読み取って、相手に伝えて差し上げたくなるかもしれません。それは能力の開いたものとしてやってはいけないことです。

あなたがそのようなことをすると、前述した転移が大きく働き、あなたとその人の関係は対等なものでなく、ヒーラー、クライアント、というものに変わってしまうのです。その人はあなたをあなた自身ではなく能力によって評価し、あなたともっと親しくなりたいと思うかもしれません。すでに友達だとしたら、これまでよりあなたに頼るようになるかもしれません。目に見えないことがわかる、ということの魅力はとても大きく、それに頼りたいという心情になってしまう人は本当に多いのです。

あなたはクライアントとして、あなたのセッションに申し込んだ人のセッション中にしか、その人のオーラの情報を読んではいけないのです。少なくとも、あらかじめ同意が必要です。

相手の許可なく、勝手に人の情報を読み取ることは前述した境界線の侵害となり、私たちのような仕事の職業倫理に反することだということを覚えておいてください。

私の周りにもサイキックやヒーラー、チャネラーなどが何人もいますが、お互いに関わるときには、ごく普通に一人の、ごく普通の一人の、人間対人間で関わります。そうでない関係は、転移が働くことで揉め事となっていくのを、いくつも見てきました。
あなたは周りの人たちと対等な人間関係を作りたいですか？　それとも能力者として依存されたり、頼られたり、もてはやされたりしたいのですか？　あなたの持つ力を周りに愛されるために使いたくなる欲求は、とても強いものです。でも、耐えてください。やらないでください。

あなたは能力があるなしにかかわらず、愛される価値があります。愛されているほうが普通なのです。あなたはあなたの能力を、人を惹きつけるために使う必要はないのです。

本来のご奉仕に使うことの喜びに生きることを、ご自身に許してください。

13 守秘義務

続いて職業倫理の話になりますが、あなたはあなたのヒーリングを受けに来てくれたクライアントに聞いた話の内容を、誰にも言ってはいけません。

誰がセッションを受けに来てくれたのかも決して言ってはいけません。有名人が来た、などと吹聴することも控えてください。写真を撮ることを求めたりSNSにあげたりするのもやめましょう。

これはヒーラーだけではなく対人援助の仕事をする人すべてに言えることです。親しい人にはいいだろう、と思うかもしれませんが、個人情報やアイデンティティーがわかるようなことは、家族や仕事仲間、スーパーバイザーにもしてはいけないのです。

あなたがクライアントだとしたら、自分がやっとの思いでヒーラーに打ち明けた内容を、あなたの知らないところで語られたいですか？　このような行為がクライアントとの信頼関係を失い、彼らを傷つけることになることがわかりますか？

たとえ相手の耳に入らないとしても、下層意識では知っていることなのです。あなたがヒーリングをすることの目的はなんだったでしょうか？　相手の癒し、成長、進化に貢献することではないでしょうか？　でしたら相手の耳に入らないときでも、あなたは聞いたことを他言しない、という神聖な約束を守ることをご自身に約束してくださいね。

Exercise

1 境界線について考えてみましょう

あなたの目に入るものの境界線がどこにあり、誰に属するのか考えてみましょう。

あなたは人との間に適切な心理的境界線を保つことができていますか？　もしもそうでなくなるとしたらどんな場面でしょうか？　断ることが難しい人や場面はありますか？　どうしたら自分の気持ちに忠実になれるでしょうか？

② 欲しいセルフイメージに焦点を合わせるアファメーション

第２章でお伝えしたグラウンディングをした状態で「私はヒーラーです」、と口に出して言います。どんな感じがしますか？　それを本当だと感じられますか？　感じられなければグラウンディングをして自分を整え直しましょう。

あなたはどんなヒーラーになりたいですか？
ヒーラーとしてどのような状態で何をしていますか？　それを現在形で書いてみましょう。

その言葉を財布や鏡など、よく見る場所に貼っておきましょう。朝、グラウンディングをした後、夜、寝る前、ヒーリングセッションに入る前、など口に出して言ってみます。
ヒーラーであるあなたはどのように目覚め、散歩をし、今日１日をどのように過ごすでしょうか？　１日３回だけでなく、思い出すたびに、あなたの欲しい未来をアファメーションすることで現実にしていきましょう。あなたにはその価値があるのです。

第5章

癒す人も癒される人もないこの世界で

菩薩症候群

「ヒーラーになりたい」。そのように考える人たちの中には、「世の中の人の悟りに貢献するためには、自分を犠牲にしなければならない」という思い込みを持つ人たちが多くいます。彼らは面倒見が良く、やさしく、自分のニーズは後回しにして他人を優先する癖がついています。他人の幸せのためには我慢しても奉仕することを厭いません。

私はこれを「菩薩症候群」と呼んでいます。医学用語ではありませんし、実際の仏教における菩薩様にそのような意味があるわけではありませんが、どこかで菩薩であることの意味を取り違え、自分を犠牲にして苦しむことで修行することを美徳としてしまう人たちのことを指します。

他の人たちへ奉仕したい、お役に立ちたい、という思いがあまりにも強く、ついつい世のため人のために自分には我慢を強いる人たちです。

このような方々はとかく他者貢献だけに意識が向き、自分の本当のニーズを認めてあげようとしません。その貢献の思いと行動は素晴らしいものですが、もしもあなたがあなたにとっての本当のことをなかったことにして自分を犠牲にし続けるとしたら、それはあなたの心と魂にとって健全なこととは言えません。

特に風の時代となりパラダイムが変化した今は、他者貢献／奉仕＝魂の目的＝あなたが喜ぶこと＝あなたを豊かにするもの、が無理なく一致する世界がやって来たのですから。

ヒーラーであるため、他者に、社会に貢献するために、あなた自身の願いやニーズを犠牲にしなければならない、という古いパラダイムで考えている自分を発見したら、それを手放し、本当のことへと焦点を合わせ直してください。

本当のこと、とはなんでしょうか？　あなたは喜びの中で魂の目的を生き、他者に奉仕し、豊かに生きていい、ということです。

そのためにはあなた自身にグラウンディングで何度も何度もつながり直し、あなたの本当の望みは何かを自分の内側に問いかけ、それにあなた自身が応えてあげることで実現していきます。

あなたがこの地球に来たのはなぜでしょう？　何をしたいと思ってここにやって来たのでしょう？　どんなことを実現したいとあなたの魂は望んでいますか？　世界がどんな場所であることを夢見ているでしょう？

そのためにあなたがすることはなんでしょう？　あなたが今日、たった今できる小さなことはなんでしょう？　または大きくジャンプするかのように感じるけれどやってみたいこと、それはなんでしょう？　ご自身にやらせてあげてください。

あなたの喜びを優先させてあげてください。

あなたが小さい子どもを持った母親（父親またはその代理）である場合にはなかなかできないことかもしれません。ただし、それは菩薩症候群としての犠牲ではなく、魂の神聖な約束を果たすための「聖なる犠牲」です。

だからと言ってあなたはあなたの時間と喜びのすべてを子どもに捧げなければいけないということではありません。子どもという、この世の中の宝であり、非常に無防備な存在を預かるという魂の約束を思い出すとともに、あなた自身のニーズをもまた満たしてあげる道を探しましょう。

時には人に頼ることを選びましょう。なんでも全部自分でやらなければならない、という思い込みを手放し、周りと宇宙の愛を「手伝ってもらう」という形で受け取りましょう。

人を癒したい自分を癒す

前述した「菩薩症候群」の方々が口にすることの一つに、「人を癒してあげたい」というものがあります。人はみな、心の奥深くでは他の人のお役に立ちたい、できる限り親切にしたい、奉仕させていただきたい、という望みがありそれは健全なものです。

ただそれがあまりに強い思いのときは、もしかしたらあなたの中に癒されたい自分がいて、その自分を他の誰かに映し出して見ているだけかもしれません。あなたはクライアントの中に何を見ているのでしょうか？　あなたが癒されるべきだ、と考えるのはどんな人たちでしょうか？　あなたが見るものは、あなたの中にあるものです。

勘違いしないでいただきたいのですが、だからと言ってあなたが１００％癒されなければ、ヒーラーになってはいけない、ということではないのですよ。私が出会った偉大なスピリチュアルティーチャーやヒーラー、禅の僧侶などでも100%癒されているという方はいませんでした。もちろん私もです。あなたは今のまま完璧でないまま、癒されたい部分があったままでヒーラーになっていいのです。

あなたは自分もまた癒しが必要な一人の人間であることを認め、その上で癒しなど必要ない完全な人間であるということにも同時に目覚めていましょう。

この二つは通常の考えでみると矛盾します。これは二つの別のレベルのそれぞれの真実です。三次元的、肉体に縛られた世界から見れば、あなたはきっと癒される必要のある個人でしょう。しかしより高い視点で見てみれば、あなたは何一つ変わることのない完璧な魂の存在なのです。

あなたの喜びは他者の癒しに貢献している

菩薩症候群だったり、自分のことをそのままで十分だと感じられていなかったりすると、あなたは自分が幸せであることに罪悪感を持ってしまいます。表層意識では幸せを求めていても、下層意識では幸せであることを自分に許しません。あなたは自分を痛めつけ、不幸でいること、苦しみながら奉仕をすることで他者と世界に貢献しようとしてしまいます。

ヒーラーになりたいあなた、すでにプロであるあなた、どうぞ最初にあなた自身を幸せにしてください。あなた自身を満たしてください。好きなものを食べ、好きなことをし、好きな人と時間を過ごし、人生を楽しむことを自分に許してあげてください。あなたは何も悪くないのです。あなたがヒーラーの仕事をするのも、この世界に生まれてきたのも、与えられた罰ではありません。

この瞬間にも家のない人が寒い中亡くなり、世界のどこかで子どもたちが飢えに喘《あえ》ぎ、不治の病で誰かが苦しんでいても、今ここにいるあなたは喜んでいていいのです。幸せでいていいのです。

セッションの提供中も一緒です。誰かが目の前で過去の辛い出来事を思い出していても、追体験しているときも、それに共感しながらもあなたは、同時に喜んでいていいのです。

私はしばしば深いトラウマの解放をする人を前に、スピリチュアルなエクスタシーの中に座っています。目の前の人の苦しみを受け止めながら、この瞬間の美しさに感動しています。世界に苦しむ人たちがいるのにあなたが喜ぶことは、不謹慎だと言う人もいるかもしれません。古すぎるパラダイムです。スルーしてしまいましょう。あなたが喜んでいるだけでも、幸せでいるだけでも、その波動は他者にプラスの影響を与え、癒しに貢献します。ただただ喜びの中にあること、幸せであることを、ご自身に許可して差し上げてください。

ただの何気ない自分であることと、ヒーラーであること

ヒーラーとしての能力が開いて、他者の癒しに貢献できるようになると、人はあなたのことを「不思議な力を持った人」で「すごい人」と見るようになるかもしれません。あなたを特別視したり、尊敬したりするかもしれません。

そのようなことが続くと人は、それが自分のアイデンティティーになってしまい、誰に対しても権威として振る舞い始めたりします。それはちょっと危険なことにもなりかねません。

あなたは自分を選ばれた特別な存在、他者より優れた人間として自分を扱うことで、魂の平等性を忘れます。そして気づかぬうちに、神でなければ教祖のように振る舞い始めるかもしれません。自分の能力を使って他人を支配したり、コントロールしたりするようになるかもしれません。

自分を信じ、自分の力を自分のものとし、自分と自分のユニークさを認めることは大切かつ健全なことです。それは、自分を他人より優れたものとして特別扱いし、他者を下に見ることとは全く違うことです。

現在の人類の進化の段階では、人はまだまだ力や能力、見かけの美しさなど、その人が得ているモノに重きを置き、すぐに惑わされます。

あなたは人々に貢献しながら惑わす側にもなっているという、訳のわからないことをしていても、そのことに気づかないかもしれません。自分の内側にある闇から目をそらし、自分だけが光であり、力あるもののふりをしたくなるかもしれません。

能力や力、美しさなどで得られる、他人からの賞賛や権力のようなものは実に抗い難く魅力的です。現代社会はそれを勝ち取る者たちを賞賛し、あなたの勘違いにはさらに拍車がかかるかもしれません。

その向こうにはあなたの癒されていない傷ついた子どもの自己がいて、そのままの自分では不十分で愛されていないと感じているだけなのに。

逆に能力が十分開き、スキルも身についているというのに、日頃の自分の不十分さに焦点を当てすぎて、自分の内なる権威を自分のものとし、能力を発揮して他者に貢献することを恐れる人たちもいます。

こんなに普通の自分がスピリチュアルな能力を発揮したり、内なる権威とつながって他者に貢献するなんておこがましい、とさえ考えます。

あなたはそのごく普通の、喜怒哀楽があり、ときどき我が子を理不尽に叱ってしまったり、大切な約束に遅刻したり、ダイエットが続けられなかったり、とダメなところや劣っているところがあったり、何気ない毎日を過ごし、ごはんも食べればトイレにも行く、そのままのあなたでヒーラーとしてすごい仕事をしてしまってもいいのです。あなたの目の前で起きる、奇跡の目撃者となっていいのです。あなたの口から、あなたの考えとは言えない、高次の意識の表現が言葉になって出てきてもいいのです。

「してもいい」と言いましたが、本当のところはあなたは何もやっていません。あなたがヒーラーとして深まれば深まるほど、そのことがなんとなくでもわかってきます。あなたはヒーリングのスキルを身につけ、グラウンディングを深め、クライアントに施術します。あなたがやっています。でもそれは同時に、あなたはただそこにいるだけで何もやっていないのです。

「私がやった」。それはあるレベルでは本当です。あなたのヒーリングで他の人が良くなる、あなたがその評価を受け取っていい。しかしその本質は、あなたがやっているわけではなく、あなたがあなたという器を大いなるものに使っていただいているだけなのです。

やがてあなたは自信を持って仕事をすると同時に、謙虚でいることを知っていくことでしょう。あなたがヒーリングを通して神秘に触れるとき、あなたはいつもそこにあった大いなるものに頭《こうべ》を垂れずにいられなくなるからです。

不完全さと完全さと

私たちが肉体でありながら魂である、ということは不完全であることが完全だ、ということです。あなたは自分にそれを見るように、クライアントが自分には問題があると考えており、実際課題があるというレベルを現実的に認めると同時に、もう一つの視点でその人の完全性を見ます。

それは身体を持ち、個人的な物語を持つ人間と、何一つ欠けることのない全体であり、大いなるものの一部でありその個別化した顕現《けんげん》としての神である存在を同時に見ることです。あなたが個人の問題だけを見て、その人の神聖さと完全性を見なければ、あなたはその人の癒しを制限してしまうことになります。あなたが対象をどう見るか、は対象に影響を与えるからです。それは量子力学の「観察者効果」（観察者に見られていると意識したときに、観察される側の行動が変化する現象）、ということで説明されています。

あなたはクライアントの訴えをしっかりと聞き、認知し、共感しながら、クライアントのエネルギーフィールドの歪みに気づき、それに意図と両手を使って介入して変化を促しながら、同時にその物語に惑わされずにその人に神を見続けるのです。

そうすることでクライアントは、全く不完全な人間である自己をそのまま認め、同時に本質であり神である自己に目覚めていきます。神である自己、本質、とは何かは言語化できないかもしれません。それでも世界も自分も変わることなく美しく、尊い永遠の存在だということが、なんとなしにでも感じられるようになっていくことでしょう。

サレンダー（自分をより高きものへと明け渡すこと）

ヒーラーというのはエネルギーを意図的に操作して対象者のエネルギーフィールドに働きかけてそこに調和と癒しをもたらす人だ、と申し上げました。が、それはヒーラーの仕事のほんの半分にすぎません。

もっと本当の仕事は、大いなるものの通り道となって、目の前の神という人間（クライアント）に仕えることです。あなたはあなたの意思を大いなるものの意思に沿わせ、神の仕事をすることです。

ここで言う大いなるものや神は、あなたの上方はるか遠くにいる白い髭の年配の男性などに擬人化されたもの、唯一の神、などではなく、何か私たちには到底語りきることのできない宇宙の神聖な秩序というか法則というか流れのようなものです。英語ではサムシンググレート（偉大なる何か）などと呼ばれることもあります。ヒーラーとしての私たちは、クライアントを募集し、予約を受け付け、セッションルームの準備をし、やって来たクライアントの話を聞き、その身体に手を置きヒーリングを始めます。あなたの身体と手を通してクライアントのエネルギーの身体にコンタクトし、様々なスキルを使ってオーラを浄化したり、チャクラを調整したり、中心軸を修復したり整えたりします。

そしてそのエネルギーはどこからやってくるのでしょうか？　それは私の身体を通して表現されますが、その源は大いなるものです。エネルギーというのはおもしろいもので、強く意思を持って動かすこともできますが、それよりもっと深い癒しへと導かれるのは、あなたが大いなるものへと自己を明け渡し、宇宙の、神の通り道となりきるときです。このときあなたのエゴ、考えはぐっと後ろのほうへと引っ込み、ただの観察者となります。

その中で、これまで意思を持って学んで身につけてきたヒーリングのスキルという枠を使いながら、あなたはあなたの意思を超えた動きを現します。それはまるで即興音楽のようでもあり、スポーツ選手がフロー状態に入ったときのようでもあります。

確かにあなたはそこにいてヒーリングを提供しています。でもあなたはただ内側からも外側からも生まれる動きに自分を明け渡し、ただそれを眺めている者となるのです。それは神聖な驚きと神秘に満ちているとともに、あなたにスピリチュアルなエクスタシーをくれるものです。それはあなたがグラウンディングして自分とつながり、クライアントの身体に手を沈めて深くつながるとき、多かれ少なかれ必ず起きます。それを止めるのはあなたの恐れのみです。

その恐れは、その瞬間に本当のことへと焦点を合わせ直すことで消えますが、これを安定させるためには、第2章でお伝えしたように、自分自身の癒しに取り組むことが一番効率的です。

魂の暗い夜

私は人生を変えてスピリチュアルに生きると決めた後に、人生が好転するどころか、「魂の暗い夜」と呼ばれる時期を経験しました。

仕事を辞め、夜の遊び場での社交をやめ、美食も、お酒もやめ、ただただスピリチュアルな目覚めだけを求めました。ハイヒールをやめ、ヨガをし健康的な生活が始まりました。

それなのに私を待っていたのは、摂食障害、不安、鬱、慢性疲労症候群、そしてパニック障害という闇でした。

これまで作り上げた仮面の自己、社会で活躍しているできる自己、というアイデンティティーを手放し、ただの裸の自分に戻ったときにそこにいたのは、あまりにも傷だらけな自分の姿でした。

最初に現れたのは過食でした。仕事で会食をした後、もう一度フルなディナーを一人で食べました。それから家に戻ってさらにバターをたっぷり塗った食パン1斤、クッキーひと箱、などを詰め込み、時に吐き、恍惚《こうこつ》状態を得ていました。時に自分をとことん痛めつけるかのようにお酒を飲んで酩酊《めいてい》したり、記憶をなくしたりを繰り返すのをやめた代わりに、摂食障害になったのです。拒食の時期には、身長170センチの私が37キロまで痩せ、筋肉が落ち、歩くこともままならなくなりました。

そんな中で自分を癒しながら、米国に引っ越し、ヒーリングスクールに通い、表現アートセラピーを学ぶようになりました。その頃はおつき合いしている彼はいたものの、学校に通う以外はほとんど引きこもりのような生活で、彼氏以外の一切の社交を拒否していました。ファッションの世界では広報を担当し、その後ディスコの女王と呼ばれ、たくさんのパーティーやらイベントやらを主催していた私が、人が怖くなってしまったのです。

怖くなったのは人だけではありません。ちょっとした違う環境に置かれることが不安になり、外に出られなくなった時期もありました。そういった状態が落ち着くと今度は、ひどい虚無感に襲われ鬱状態になることが、何年もの間繰り返しあったのです。

そんな私が救われたのは、私を支えてくれたヒーラーたちであり、ヒーリングの教師たちのおかげです。感謝しかありません。

もしもあなたが今がお辛い時期だったとしたら、あなたも私のようにスピリチュアルな目覚めのプロセスとして「魂の暗い夜」（魂の暗夜、闇夜とも言う）を経験しているのかもしれません。それはあなたの心の底に隠してあった深い傷（闇）を意識の表面に引っ張り出して、根本から癒すために現れます。どうかそれをあなたをより本質的な幸福へ導くためのプロセスとして受け入れ、信頼していてください。痛みの中にあるとき、それが絶対的に善きことのためにあるということを信じるのは、チャレンジであることなのはよくわかります。本当です。でもその闇の中でも、その向こうにはあなたがあなたの本質である光へと目覚めていることをどうぞ信頼していて欲しいのです。

私の場合は、このように劇的な経験をしましたが、それは私の魂が選んだことであり、あなたが同じような体験をする必要は全くありません。時代は変わっていて人の目覚めも加速しています。癒されるため、進化するためにこのような「苦しみと喜び」「闇と光」というような「極」を劇的に経験せずとも、「本質」に焦点を当てることで過去からの傷が解放され、癒しと目覚めが可能な時代になってきています。信頼していてください。

誰もが気軽にマイヒーラーを持つ時代に

スピリチュアル、ヒーリング、などは現代社会においてだいぶ市民権を得てきました。ヒーリングを受ける、とか、スピリチュアルが好き、と伝えても、強い拒否反応を示す人たちはだいぶ減ってきているようです。

私が最初に学び始めた頃よりもスピリチュアルはポップになり、それに合わせて市場も拡大していきました。

とは言え、まだまだ「ヒーリング」が人に与えることのできる可能性については一般には伝わっていない、のが現状です。人が当たり前のように思っている苦しみや痛みはヒーリングで少なくとも軽減、場合によっては大転換され、思うようにならなかった現実は夢の実現へと動いていきます。

心に引っかかることがあるとき、何かがうまくいかないとき、生きることが苦しいとき、欲しいものが手に入らないとき、など、もっと気軽にヒーリングを受けるようになって欲しいと切に願います。それはあなたに相応《ふさわ》しい幸せへの時短を助けてくれます。

何かあったときだけ単発、というのもいいですが、一人のヒーラーに半年など、継続して受けることで、これまであなたの持っていた思考や感情のパターンが根本的に変化し、実生活の変容を手伝ってくれます。

もしあなたがプロフェッショナルなヒーラーになりたいのだとしたらなおさら、マイヒーラーを持ち、継続してください。それはあなたのヒーラーとしての能力を開くことのお手伝いにもなることでしょう。

癒す人も癒される人もないこの世界で

私たちは一人一人が魂の美しい現れで、スピリチュアルな存在です。魂そのものであり、スピリットです。愛であり、本質であり、空っぽです。

それなのになぜ私たちはそれを忘れるのでしょうか？

なぜ私たちは傷ついて己を忘れ、被害者、加害者、などというドラマを演じようとするのでしょうか？

私はこの世界とは神様が、または私という神が、宇宙の法則が、神の一部が創った、いたずらで遊びのようなものだという視点で見ています。テーマパークで遊ぶように、映画を観るように、心の中に起きる様々な物語を味わい楽しむエンターテインメントのために創ったというように。

その中で私たちの魂はそれぞれ課題を持ってこの地球にやって来て、それをクリアしながら成長、進化していきます。そして物語から目覚め、思い出し、再び一つであることへと戻っていくのです。

その視点で見た世界には、被害者も加害者もなければ、癒す人も癒される人もいません。役割を買って出たボランティアがいるだけです。それは別の言い方をすれば一つの演劇の中の様々な登場人物を演じる俳優たちのようなものです。劇の中では争い、傷つけ合い、愛し合い、という様々なドラマを生きますが、最後には役割を終えて自分という魂に戻っていくのです。あなたがあなたの創るドラマに終止符を打つとき、ただ劇中の役を演じていただけだったということに気づきます。

劇が終わり幕が上がって役者たちが一列に並び、拍手を受け取っている姿を想像してください。その真ん中に主役のあなたがいます。あなたの物語の中では脇役という役を演じているときでも、いつでもあなたが主役だったのです。それがあなたの創った物語であったことに気づくとき、あなたはすべての登場人物も観客も自分であることに目覚め、とめどない感謝の流れにいることに気づくことでしょう。

この世界には癒す人も癒される人もありません。ただ役割を演じることで魂の進化、成長、目覚めへと導かれお互いに奉仕し合う美しい人たちがいるだけです。ですから、あなたがたまたまヒーラーの役割を担っているからと言って、クライアントよりも立派なわけでもなければ素晴らしいわけでもありません。魂はいつだって平等であり対等なのですから。

この世界には悪人も罪人も存在しない

私たちの意識には階層があって、私たちが日頃から認知している表層意識、顕在《けんざい》意識では認識できない部分の下のほうに、すべての人が共有している一つの意識の場＝集合無意識があります。そこには個々の意識と同じように、傷の層と、本質の層があります。

私たちがその無意識の層で一つにつながっているということは、一人の中にあるものは、すべての人の中にあり、すべての中にあるものは、一人の中にもある、ということになります。

例えばあなたの中に悲しみがある、ということは、人の意識の中に悲しみという層があり、それはすべての人と多かれ少なかれ共有されているということになります。逆に言うと、人の集合無意識の中に悲しみという層があるから、あなたはその一部を自分のものとして感じている、ということです。

本来悲しみなどの感情というものは量で測れるものではありませんが、人の中にある悲しみや妬《ねた》み、といった苦しみの感情は、人それぞれ個々の成長と進化の段階によって変わっています。

同時に、つながった意識の場でそれを共有している限り、それを表現するのは一個人に見えてもいつでも私たち全体の表現です。

つまり、悲しんだり、苦しんだりしている人たちもみな全体の一部の表現者であり、その表現として人を傷つける行為をしたり、罪を犯したりする人もまた同じ、ということです。どんな人もあなたの一部であり、あなた自身でもあるのです。

人はそもそも生まれながらに無垢《むく》で汚れなき愛そのものの存在です。赤ちゃんを思い出してください。生まれながらの犯罪者などいません。人は傷つくことでその傷からきた苦しみのあまり、その痛みの表現として良いとは言えないことをしてし

まいます。そしてその良くないことは実は、一番深いところでは善きことのために
なされているのです。

世界にあるすべての悪いことも良いことも、私たちの集合無意識の中にある一つの層が、一人の人、一個人という枠を使って表現されているだけです。

そして普通に見たらネガティブで無自覚な行いも、人類全体の傷を一人の人が表現することで癒す方向へと向かうことを助けているのです。

つまりこの世に存在する人たちはみな、人類の進化のためにボランティアとしてこの地球にやって来て、自分という物語を生きます。たとえそれがネガティブなものだとしても、それは人の進化に貢献するために、この部分は私が受け持つよ、と手をあげたようなものなのです。

個々個別の物語、個別のパーソナリティーを持った個別の人間として自己と他者を認識して存在していますが、実はみな意識の深い場所では一つであり、つながっ

ています。それは第1章で私たちがエネルギーの海に住んでいる、とお伝えしたことからも想像できるのではないでしょうか？　その共通する傷の場所を癒し、進化させるために私たちは、様々な表現でお互いに貢献し合っています。

それは残忍な罪を犯すような人でさえ、本当は私たちみなの中にある残忍性を浄化し、進化させるためのボランティアだということです。それはにわかには理解し難いでしょうし、信じ難くても仕方がありません。ただそのような目で世界を見てみることを試していただきたいのです。

おわかりだとは思いますが念のためお伝えすると、あなたがわざわざ悪いことをするような役を買って出ることはないですからね！　あなたはあなたの良心のもとに、あなたにできる最高のご自身をこの世界に表現して差し上げてください。そのような形でボランティアしてください。

そして他の本質に沿わない、傷からの表現や行動をする人たちの向こうにある痛みを理解しようと努め、理解できなくてもただただ寛容に受け止め、責めることなく見守っていて欲しいのです。

私たちは例外なくみな、純粋無垢な魂です。一人残らずです。本来は悪人も罪人も存在しません。悪人や罪人とされる人たちは、みな、傷つき、本当の自分を忘れてしまっただけであると同時に、私たち全体の癒しと進化のために動いているだけなのです。

これは社会において、実生活において犯罪や悪い行いを容認すべきだということではないので誤解のないようにお願いしますね。法のもとに裁かれ、社会的制裁を受けるのが、現代社会です。それを「犯罪である」「悪いことである」などと認識した上で、誰もが持っているその下にある物事の本質に目を向け、そちらのほうが本当であるということを意志を持って見続けることなのです。

テレビでも新聞でも毎日……

テレビでも新聞でもネットニュースでも毎日のように、人の無意識が起こす犯罪や争い、悲しい出来事を報道します。

あなたもそれを見て、政治家の不正に腹を立てたり、小さな子どもを痛めつけるような行為や、性的な暴力、殺人などに悲しみ、憤りを感じることもあるでしょう。

そのような本質に沿わない行動をする人たちはみな、心の見えないところにある傷から本人の気づかぬままに血が流れていることを知っていてください。特に罪を犯すような人たちはその傷もまた深く、誰よりも痛みを抱え、血を流しているのです。

あなたが悲しみや憤りの中で、そのことを思い出すことはそう簡単なことではありません。加害者を糾弾し、怒り、社会を嘆くことのほうに慣れているからです。社会もそれを当然としています。もしかしたらあなたはそのような感情を持つのが嫌で、右から左に聞き流し、見ないふりをしていることもあるでしょう。しかし、しっかりと目を開け続けていることで、あなたは日々目覚めていくことができます。

スピリチュアルと言われている業界ではしばしば、「目覚める」「目覚めている」という言葉が使われます。特別なことをしなくてもそれは可能です。ニュースになるような闇の中からでも本質という光に焦点を当てることができれば、そのたびに私たちは目覚めるのです。

そうして一般常識から来る「善悪」という枠を超えて、本質を見ることができているとき、私たちは目覚めています。この場合の本質は、この世界に悪い人は一人もおらず、傷つき、己が何者かを忘れた人たちがいるだけということです。本質の見えないところで血を流している人たちがいるというのを知り、それを仏のような目で見ることができれば、私たちは世界が浄化されていき、知らず知らずのうちに癒しへの貢献をしていることでしょう。

身体や心の向こうにあるものとはなんでしょうか。犯罪者たちもみな一人残らず純粋無垢で美しい魂だという神聖な存在と事実があるだけです。それを愛と言い換えてもいいかもしれません。光と呼んでもいいかもしれません。

私たちは、物事を善悪に分け、自分を善として悪者を創造することもできますし、善悪を超えた本質を見ることで自己を癒し、成長、進化させ、同時に世界の癒しと進化に貢献することもできます。あなたがしたいのはどちらでしょうか？　どちらを見ていたいでしょうか？

いつかヒーラーがいらなくなるその日まで

私たちが物事を善悪に分け、自分を善なる者、正しい者という立場をとるとき、私たちは悪なる者、間違った者を創造しています。自分が良い役割、ヒーローであることや、人を助ける人やヒーラーであることを望みその立場をとるとき、あなたはその逆にある闇を創造しているとも言えます。あなたがその役割を演じるためには、その反対側にいる悪役が必要ですからね！

そうすると警察がいるから犯罪者がいるということになりますし、犯罪者がいなくなるためにはまずは警察を廃止すべき、という話になりそうですが、そうではありません。人類の進化の今の段階では、警察も必要ですし、医師もヒーラーも必要なのがリアリティーです。

ただ、私たちは善悪の中にある構造の中に住み、それに従いながらも、本質を見ているることができるよ、ということです。警察という役割を担ったり、警察の機能を活用したりしながらも、善悪を超えてモノを見ていることはできるよ、ということです。

善悪を認知、判断しながら同時に、この世に悪人などいないとわかり、人類の進化のためのボランティアの一人となり、善悪を超えてモノを見ることは、この世界の癒しと進化に貢献し、ひいては犯罪や悪とされることが減り、なくなる世界の創造へと貢献することになります。

これは第3章でお話ししたヒーリングセッションを提供するときに、クライアントの課題、本人が問題としていることを認識しながらも、同時にクライアントの本質、光を見続けるということにつながっている、それに気づきましたか?

私たちには誰でも、意識化し、言語化しているかどうかにかかわらず魂の目的がある意識の層があります。あなたがここにいることの意味です。もしあなたがここまで読み進んだのだとしたら、あなたがここにいる意味、それはヒーラーであること、かもしれません。あなたはすでに、誰かのお役に立ちたい、というあなたの魂の深い望みに触れたかもしれません。それは本当に素晴らしいことです。

この世界には助けを求めている人が、とてつもなくたくさんいます。仕事や恋愛、お酒などに依存することで自己の感情を麻痺させ、自分をハイにしていなければ、生きていけないような人たちがいます。あなたが見えているよりももっと多くの人が助けを求めているかもしれません。

あなたはそれらの人を助け、世界を苦しみから救い出したいと思うことでしょう。それはとてもとても神聖な願いです。

しかしながら同時に覚えておいていただきたいのは、この世界には悪人や罪人がいないのと同じように、癒されるべき人もまた本当には存在していないということです。助けを求める彼らの仮の姿に騙されないでください。その向こうには光り輝く神なる人がいるだけです。

あなたの誰かを助けたいという魂の望みを尊重し、粛々《しゅくしゅく》とそれを実行しながらも、この本当のことに目覚めていてください。あなたが彼らを救わなければならない人たちと見ることで、彼らをそのような人に留めておいたり、もっと多くのそのような人を創造しないでください。

あなたがそのことを知りながら、あなたの聖なる仕事、ヒーラーであることに心尽くし続けるその向こうには、誰もが癒され、本来の自己を思い出す世界があります。そこには癒されなければならない人はいません。だからヒーラーという仕事は必要ないし、ヒーラーもいなくなるのです。

その日まで私はこの仕事を続けていくことでしょう。

その日まであなたも私と一緒に、自己と世界の本質に目覚め続けるヒーラーという道を歩いてみませんか？　実際の施術をしないとしても、あなたが世界を見る目を変えるだけでもあなたはヒーラーであれるのです。その目覚めの旅をご一緒しませんか？

まさか私が、大酒飲みの物欲人間だった私が、このような真実に目覚めヒーラーになるとは夢にも知りませんでした。今でも過去生だったかのように感じるその過去を不思議な気持ちで眺めることがあります。

もしかしたらあなたも心の奥深くにあった本当の願いに気づいたかもしれませんね。もしあなたがそう望むのなら、あなたはヒーラーになれます。ヒーラーとして生きられます。

ヒーラーという仕事がいらなくなるその日まで。

Exercise

ヒーラーの目でニュースや周りで起きる出来事を見てみる練習

第５章の内容をもう一度よく読み、善悪を超えたヒーラーの目でニュースや周りで起きる出来事を見てみましょう。ニュースだけでなく家庭や職場、コンビニや通りすがりで起きることに対してどんな気持ちになり、どんなことに気づきましたか？　そのたびに、ヒーラーに戻り世界を眺めてみましょう。それはどのように見えたでしょうか？

プロフェッショナル・ヒーラーを目指す人のよくある質問

Q ヒーラーの資格などはあるのでしょうか？

公認心理師や鍼灸師のような公的な資格はありません。あったとしてもすべてが個人や団体の民間の資格です。たった数時間の講習で資格を出す団体もあれば、何年もかかるものもあります。ですから、よく内容を見極めてください。

中には十数万と高額なのに1回1時間程度のエネルギーを遠隔で送っただけで、初心者でも「ヒーラーになれる」とうたうようなものもあります。

もしもあなたがすでにエネルギーワーカーでしたら、そのような伝授で一定の周波数を受け取ることで回路が開き、自分のセッションに利用することも可能ですが、初心者がすぐにそれで他の人に伝授できるようになるのは稀だと私は思います。

　何百人単位で1日か2日のワークショップで、認定をする団体もありますが、それだけでプロとして活動することはほとんどの人にとって困難なことでしょう。ネットで検索をして調査をしてみましたが、ヒーラーとして活動できている方はほとんどいないようです。

　この本のタイトルは、『癒す人の教科書』ですし、実際この本をよく読み、練習に励めば、あなたは私たちと同じように、ヒーリングの能力を身につけることができます。

　しかしそれをプロとして提供し、健全に継続していきたいのだとしたらスーパービジョンも含めたトレーニングが必要です。

Q 全く霊能力みたいなものはありません。ヒーラーになれますか？

なれます！

ヒーラーに霊能力は必要ありません。

エネルギーの状態や流れを感知したりする能力、エネルギー体に働きかけて変容する技術、は必要ですが、それはみな開発することができるものです。

普段から人のオーラが見える必要さえありません。訓練をすればヒーリングルームの中で必要な情報はすべて入ってくるようになることでしょう。万が一それがわからなかったとしてもあなたが心を込めて人の身体に手を触れるとき、たとえそれがバーチャルであっても、そこにエネルギー的なつながりが生まれ癒しへと向かっていくことでしょう。

Q ヒーラーに向いている人の特徴はありますか？

ヒーラーに向いているかどうかの資質についてはいろいろお話しできることがありますが、私が思うのはまず、誰かのお役に立ちたいという強い気持ちがあることです。

あなたの胸の中に、ヒーラーになりたい、誰かの癒しに貢献したい、そんな神聖な思いはありますか？

それさえあれば、一般的には不向きと思われるような性格であっても、それを個性としたユニークなヒーラーになることができると私は思います。

現に音楽事務所社長時代の私を知る人たちは、誰も私がヒーラーに向いているなんて思わなかったことでしょう。今でもこれと言って向いていると言われるような資質にはそれほど恵まれているとは思いません。

ただ、これをやる、やりたい、という強い気持ちに導かれただけです。第5章でお伝えしたように身体を通してあなたの心につながり、あなた自身の心に聞いてみてください。ヒーラーになりたいですか？　と。

一概には言えませんが、現代社会においては、繊細すぎて生きづらいと感じられているような方、ＨＳＰなどとされているような方が、ヒーリングの世界ではそれを能力に転換できることはよくあることです。

このような方は、微細なエネルギーへの感受性が高く、クライアントの小さなニーズに気づき、きめ細やかな対応ができます。

だからと言って明るい性格のダイナミックな雰囲気な方が向かないということではありません。あなたの中にヒーラーになりたい、という気持ちが生まれた以上、あなたにはヒーラーとしての居場所があるということです。

あなたならではのユニークなヒーラーとしてのあり方が生まれるのを信頼していましょう。

Q 看護師として仕事をしています。仕事に取り入れるなら、何をスタートすると良いでしょうか？

まずあなた自身を癒し、自分と世界の本質とつながり、自分の存在を深めることから取り組みましょう。患者さんと接するときにもそれを意識しましょう。あなた自身を愛し、他人に心を開き、人生を愛しましょう。

そうすると患者さんたちは、あなたが何をしなくても病室や診察室に入ってきただけで、なんとなく癒されたり、気持ちが軽くなったりすることなどが起きることでしょう。

あなたが看護師として患者さんと出会った場合、無許可でヒーリングをすることは境界線の侵害になります。また、たとえ患者さんの同意を得たとしても看護師としての立場においてエネルギーワークを提供することは、医師や病院の方針に即さないことがほとんどでしょうからその場合はやってはいけません。職業の範疇《はんちゅう》を超えたアドバイスや、霊能力を使ったリーディングも厳禁です。

あくまであなたの存在自体が患者さんの癒しとなることを心がけましょう。存在としてのヒーラーであることを自分に許しましょう。そのことで患者さんが得る恩恵は計り知れないと思います。それは見えないながらも病気の回復に寄与するほどの力を持っていることを知っていてください。

もう一つあなたが取り入れられることは「聞く」ということです。それは別の言い方をすると、ある人のリアリティーを批判や判断なくただ受け止める、ということであり、共感を持って耳を傾ける、ということです。人はしばしば話を聞くことより、自分の言いたいことを言うことに焦点を当てがちです。それはあたかも小さな何人もの兄弟たちが、たった一人の母親の注意を引きたくて「見て見て」と叫ぶかのような騒々しさを持っています。そんな中でもしもあなたが誰かの話をジャッジすることなく聞くことができれば、あなたは何も変わったことをしなくても、その人の癒しに貢献したことになるのです。

Q ヒーラーとして独立したいけれど、最初の一歩がなかなか踏み出せません

まずご自身が本当にヒーラーとしてプロになりたいかどうか、をよく感じてみましょう。あなたの心はどう感じていますか？　心からやりたい、という感覚がそこにはありますか？

「考えて」ではなく「感じて」と申し上げましたのは、もしかしたらあなたは副業としてお金を稼ぎたいだけかもしれませんし、ちょっとした憧れでそうおっしゃっているだけなのかもしれません。それはそれで悪いことではないですよ。最初のモチベーションがそれであってもやっていくうちにあなたの本当の望みにつながっていくこともあるからです。

プロになりたいかどうかはともかく、ヒーリングが好き、もっとやりたい、という答えが出てきたとしたら、たとえ無料でもいいので、ヒーリングのセッションを提供し始めましょう。プロになる前でしたら、家族や友人、知人などに頼んでヒーリングさせてもらってもいいでしょう。

もしもすでにSNSなどでの発信をしていらっしゃる方は、人数を決めてのモニターを募り、ご感想をいただくようにしましょう。

大切なことは、10人でも20人でも続けてヒーリングをしてみて、あなたはそれをこの先も続けたい、と思ったかどうか、です。

この時点で毎日やり続けるのは無理、と気づく人たちもいます。

反対に、やっぱりやりたい、好きだ、と思うようでしたら、プロとして続けていく道を探りましょう。

もしも「ヒーラーになることが自分にとっての真実だ」、と思っているにもかかわらず、最初の一歩を踏み出せない、と感じているとしたら、あなたの中になにがしかの「恐れ」や「ネガティブな思い込み」が出てきているのかもしれません。この「恐れ」も「ネガティブな思い込み」もまた過去の記憶からきた情報です。

そんなときは時間をとってあなたの中にどんな恐れや思い込みがあるのか見てみましょう。

❶誰かそのことであなたを批判したり非難したりするでしょうか？ どんな困っ

たことが起きると思っているでしょうか？　あなたが怖がっていることをすべて書き出してみましょう。

❷それが実際に起きる確率はどれくらいありますか？　恐れていることを逆に目を見開いて見ることで、しっかりと認識することで、そこに意識の光が当たります。恐れている自分とただ一緒にいます。寄り添う、という表現がぴったりくる人もいるかもしれません。またある人はその恐れている子どものような自分を抱きしめてあげてください。

❸あなたの魂の望みを感じてください。ヒーラーになりたいと言っているのでしたら、その気持ちを尊重し、あなたの運命と宇宙の流れを信頼してください。そこから現れる次の小さな一歩を粛々と行動に移しましょう。

Q 自分が癒されていない状態で、「癒す人」はできるのでしょうか？

まずはあなた自身を癒しましょう。

グラウンディングの練習をし、自分とつながり、何が自分にとって本当かを自分に問う習慣をつけましょう。

あなたはヒーラーとして他者と関わる準備ができていますか？　それとももう少し自分の癒しや、今やりたいことに集中する必要がありますか？　答えはあなたの中にあります。

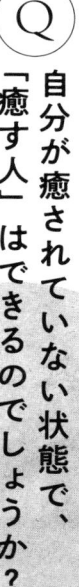

私はこれまで世界中で素晴らしいヒーラーや、奇跡を起こすシャーマンに出会ってきました。しかしながら１００％癒されている人はいませんでした。悟っているとされている人も含めて、完全に癒されている人というのは、ほとんどいないと言っていいと思います。

だからあなたも、不完全なあなたのままでもヒーラーになって、他者の癒しに貢献してもいいのです。その許可をご自身に差し上げてください。ただ、それがたった今のあなたにとって本当のことか、というだけのことです。

私は一度開業したヒーラーの仕事を、数年間封印していた時期があります。そうして準備ができたときにまた、ヒーラーとして戻ってきました。その前まではポツポツしか来なかったクライアントも、私が本当に準備ができたときには、おもしろいようにたくさんいらしてくれるようになっていました。

Q まだ自信がありません。どうしたら自信がつきますか？

自信はあまり関係ないと思います。自信がないままでも開業してもいいのです。自信のない自分を愛し、その向こうにあるあなたのできること、やりたいこと、奉仕への思い、魂の使命感、に焦点を当てましょう。

上手くやらなければならない、を手放して、今できること、すべきことに集中しましょう。

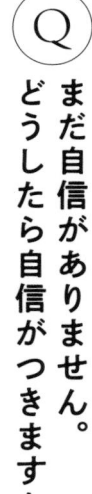

おわりに

まさか私がヒーリングの本を書くなんて！

夢にも思っていなかっただけでなく、紙に組まれプリントされた原稿に赤字を入れ終わった今も、まだ不思議な気持ちでいます。

１９９７年、米国フロリダ州認可の４年制のヒーリングスクールに入学した私は生まれて初めて「劣等生」となります。地に足をつけてグラウンディングすること

ができず、そのせいでヒーリングがうまくできないだけでなく、メンタル的な脆《もろ》さが露呈《ろてい》し、2回目のクラスが終わる頃には進級ができないであろうと心配される生徒になっていたのです。それまで海外留学やファッション広報、音楽やイベントプロデュース、会社経営者として身につけてきた社会的スキルではどうにもなりませんでした。

そんな私がまさか、ヒーラーとして開業するなんて！　自分でヒーリングスクールを始めるなんて！　そしてとうとうヒーラーの本を書いてしまうなんて！

人生って本当にわからない、と思いながらも同時に、それはすでにあらかじめ決められ、ただただ導かれて来たのだというのも理性を超えた部分で知っています。「グラウンディング」が弱い、できない、という「マイナス」「弱み」が神となり私を導いてくれました。ヒーリングの学校や講座とは別に私が自分を癒し、身につけるべきことを身につける過程が私ならではのヒーラー修行の道となり、のちにスキル、コンテンツとなり、活躍するヒーラーたちを含めた多くの人のお手伝いをするようになりました。

この本は、他ではほとんど語られていない「癒す人」として最も重要な心構えや物の見方、職業倫理などについてや、スキルの向こうにあるスキルも含めてお伝えしています。また「癒す人」としてだけでなく、満ち足りた人生を歩むための基礎をお伝えしたつもりです。

もしもあなたがこの本でお伝えしたように自分とつながり、グラウンディングを深め、今ここに自分を存在させる術《すべ》を身につけたとしたら、その後はどのようなヒーリングのスキルを使ったとしても、最大限の効果を引き出すことができることでしょう。

そしてそれよりもっと大切なことは、あなたのクライアントとなる人は、単なる生活する肉体ではなく、心という神秘を持つ、いくつもの転生を経て奇跡のようにここで出会った尊い魂で、無限の可能性そのものだということを知り続けていることです。人間としての傷や偏りや痛み、問題を持ちながらも、その本質は常に輝きのままそこにあるということを見ていることです。

願わくばこの本があなたの内に眠る魂の望みとヒーラー性を呼び覚まし、最高のポテンシャルを引き出しますように。あなたがあなたの名前や職業、考えることを超えた神聖な存在であるということを思い出すことをお手伝いできますように。そして何よりご自身とこの世界の美しさを思い出しますように。

癒す人も癒される人もないこの世界で、敢えて今生「癒す人」に興味を持つ人、そう生きるとコミットする人のお役に少しでも立てたとしたら、こんなに幸せなことはありません。

最後に、ここでお伝えしたヒーリングやグラウンディングの元になる技術を生み、発達させてきた世界中の素晴らしいヒーラーたち、直接指導してくれた教師たち、導いてくれたスピリットガイドたち、この本をともに生み出してくださった裏方の方々、そして最後まで読んでくださったあなたに、心からの感謝を捧げます。

ありがとうございました。

２０２１年　10月吉日　本郷綜海

本郷綜海（ほんごう そみ）

ヒーラー、歌手、スピリチュアルアーティスト

20代で起業し、クラブ、ヒップホップ、渋谷系音楽の黎明期にシーンの拡大とメジャー化に貢献。スチャダラパーなどのアーティストの所属する会社を経営すると共に、スチャダラパーと小沢健二との共作『今夜はブギー・バック』や芝浦の伝説のディスコなどの企画に関わり、国内外のセレブなどと交流。その後、所有していたものをほとんど手放しスピリチュアルな旅へ。米国にてスピリチュアルヒーリング、表現アートセラピー、ボディサイコセラピーなどを学び、世界のシャーマンと旅し、禅寺での修行などをしながら自分を癒やす。その過程がヒーラー修行となると共に、魂の望みを叶えるべく40歳で歌手、パフォーマンスアーティストとしてサンフランシスコベイエリアデビュー。歌手としては村上“ポンタ”秀一氏などと共演を果たす。帰国後は、卓越したシャーマニックなヒーリングの力と、その存在、メッセージで人生が大きく変わると評判に。活躍するヒーラー、コーチ、臨床心理士など、癒しに関わる人たちから絶大な信頼を得てヒーラーズヒーラーに。現在はライブ活動のほか、歌で心の深みを表現したい人たちの指導（魂と繋がる歌の唄い方®）やプロフェッショナルヒーラーの育成（Somi Life art school）などに情熱を注いでいる。趣味は野生のイルカと泳ぐこと。夢はクジラと泳ぐこと。

著書に『あなたがここにいることの意味』（Clover出版）、『目覚めよ、愛に生きるために』（廣済堂出版）、CDアルバムに『Surrender to love』（AMEUZ LABEL）がある。

公式ブログ／

「美しきこの世界で〜自分とつながり、魂の望みを知り、豊かに生きる」

https://ameblo.jp/somihongo/

LINE ID ／ @somihongo

メルマガ／「自分らしく豊かに生きる」

https://www.reservestock.jp/subscribe/6331

Instgram ／ https://www.instagram.com/p/CTG4soyLh1B/

staff
ブックデザイン／東條加代子
イラスト／佳矢乃
企画・構成／つむぎ来羽（アムツム企画）

癒《いや》す人《ひと》の教科書《きょうかしょ》

2021年10月30日　初版第1刷発行

著　者　本郷綜海《ほんごうそみ》
発行者　田邉浩司
発行所　株式会社　光文社
〒112-8011　東京都文京区音羽1-16-6
編集部　03-5395-8172
書籍販売部　03-5395-8116
業務部　03-5395-8125
メール　non@kobunsha.com

落丁本・乱丁本は業務部へご連絡くだされば、
お取り替えいたします。

組　版　萩原印刷
印刷所　萩原印刷
製本所　国宝社

ISBN978-4-334-95274-7